国家高端智库综合开发研究院（中国·深圳）出品

CHINESE CITIES' SCI-TECH
FINANCE INDEX
2023

中国城市
科创金融指数
2023

肖 钦 张 祥◎著

中国经济出版社
CHINA ECONOMIC PUBLISHING HOUSE
北 京

图书在版编目（CIP）数据

中国城市科创金融指数.2023／肖钦，张祥著.—
北京：中国经济出版社，2023.8
ISBN 978－7－5136－7412－6

Ⅰ.①中… Ⅱ.①肖… ②张… Ⅲ.①城市－金融－
研究报告－中国－2023 Ⅳ.①F832

中国国家版本馆 CIP 数据核字（2023）第 147771 号

责任编辑　赵静宜
责任印制　马小宾
封面设计　久品轩

出版发行　中国经济出版社
印 刷 者　北京富泰印刷有限责任公司
经 销 者　各地新华书店
开　　本　710mm×1000mm　1/16
印　　张　13.5
字　　数　200 千字
版　　次　2023 年 8 月第 1 版
印　　次　2023 年 8 月第 1 次
定　　价　89.00 元
广告经营许可证　京西工商广字第 8179 号

中国经济出版社 **网址** www.economyph.com **社址** 北京市东城区安定门外大街 58 号 **邮编** 100011
本版图书如存在印装质量问题，请与本社销售中心联系调换（联系电话：010－57512564）

课题组成员
（按拼音顺序排列）

陈材杰　陈　珂　胡彩梅　梁姣姣　刘国宏

彭晓钊　邱智平　肖　钦　余凌曲　余　鹏

余　洋　张建森　张　佩　张　祥　庄　正

课题组联系方式

联系人： 张祥

电话： 0755－82470464

电邮： zx@ cdi. org. cn

中国金融中心信息网： http://www. cfci. org. cn

序　言

当前，国内外形势正在发生深刻复杂变化，我国把科技自立自强作为国家发展的战略支撑，把高质量发展作为全面建设社会主义现代化国家的首要任务。正是因为，科技创新解放和发展了社会生产力，推动了经济社会可持续发展；而科创金融则支持高风险与高收益相匹配的科技创新活动，释放了人们追求富余财富不断保值增值的原始动力。因此，我们鼓励和支持创业者、企业家的创新试错精神，当然也要鼓励和支持投资人、金融家的冒险进取精神。

近年来，国家持续加大对科创型企业的全链条金融支持。特别是 2021 年中国人民银行等八部委批复济南建设全国首个科创金融改革创新试验区，2022 年又批复上海市、南京市、杭州市、合肥市、嘉兴市建设科创金融改革试验区。中央和地方政府不断完善科创金融政策和服务供给体系，促进了金融、科技和产业良性循环与互动，为我国正在实施的创新驱动发展战略提供了有力支撑和坚实保障。

春江水暖鸭先知。科创金融发展的景气与否不仅是科创金融本身发展状况与预期的体现，更重要的是也从侧面反映了创新创业是否活跃、发展成效是否显著、财富效应是否强化。对此，我院团队编制了中国城市科创金融指数，综合评价、深度分析我国 36 个金融中心城市的科创金融景气度，以期成为反映国内科创金融与科技创新发展的一个“晴雨表”和“风向标”。

是为序。

目　录

理论篇

评价篇

实践篇

理论篇

第 1 章　科创金融的相关概述

科技创新离不开金融创新的支持，近代以来，人类历史上每一次产业革命背后都伴随着金融的巨大变革和有力推动。党的十八大以来，我国创新引领科技强国建设进入新阶段，同样呼唤金融的变革和支持，“科创金融”应运而生。但这一概念目前尚未有明确定义，不利于科学开展科创金融的实践和评价。有鉴于此，本章将对科创金融的定义、特征以及科创金融在国内的发展历程、国际的发展实践进行系统梳理，为后续研究奠定基础。

1.1　科创金融的定义与特征

1.1.1　科创金融的定义

“科创金融”这一概念由于涵盖内容广、涉及领域多，目前在理论界和官方层面均无明确、权威定义。本书将通过语义解构的方式，提出科创金融的“济南版”定义。科创金融，从语义结构的角度而言，即服务科创的金融，因此有必要先厘清“科创”及“科创型企业”等概念，在此基础上，进一步提出科创金融的定义。

所谓“科创”，是科学技术创新的简称。“科学”“技术”“创新”三个词自现代以来常常组合使用，似乎不可分割。但实际上，三者各有明确定义，且绝非天然相关。所谓“科学”，《辞海》的定义是“运用范畴、定理、定律等思维形式反映现实世界各种现象的本质和规律的知识体系”，简言之是人类认识世界的一套知识体系。所谓技术，是指“人类为了满足自身的需求和愿望，遵循自然规律，在长期利用和改造自然的过程中，积累起来的知识、经验、技巧和手段”，简言之是人类利用自然改造自然的方法、技能和手段的总和。而所谓“创新”，这一似乎很宽泛的概念，其实是由著名经济学家熊彼特于1912年首先提出的，他提出创新是指“把一种新的生产要素和生产条件的‘新结合’引入生产体系”，而企业家是创新的主角。从历史上看，科学与技术的紧密联系是从第二次工业革命开始的，科学研究的新成果被迅速应用于技术改进发明，从此“科技”成为热词，意即“由科学研究驱动的技术改进发明”。而“科技”与“创新”的关联使用，则是从熊彼特于1912年提出创新概念开始的，它指的是科学研究驱动技术发明改进，而企业家把这种技术发明改进引入生产体系的全过程。而且企业家由于其贴近市场、掌握生产体系的地位，在这一过程中发挥统领作用。因此，本书将“科创”定义为“由企业家统筹，科学家、技术人员等多方参与，以市场需求为导向，由科学研究驱动技术发明改进、由技术发明改进引致新的生产体系的全链条的社会化活动”。

明确了“科创”的定义，科创型企业的定义就呼之欲出了，即以市场需求为导向，统筹由科学研究驱动技术发明改进、由技术发明改进引致新的生产体系的全链条活动的企业。根据这一定义，科创型企业有以下几个特征：一是企业家创新能力突出，即能够敏锐地把握市场机会和趋势，甚至能“无中生有”创造全新市场需求，并有效整合科研、技术资源。二是科创型企业会开创新的生产函数，即带来生产力的突破甚至带来全新产品和服务。三是科创型企业与政府部门、科研院所、技术中介合作关系紧密。

在“科创”和“科创型企业”定义的基础上，“科创金融”的定义就可以阐述如下，即服务于由科学研究到技术发明改进再到新的生产体系全链条的金融体系。而科学研究和技术发明改进离不开政府的政策干预和深度参与，因此这一金融体系不仅包含相关的金融组织体系、金融产品体系、金融市场体系，还包括相关的金融政策体系。因此，本书将科创金融定义为“促进从科学研究到技术发明改进再到新的生产体系全链条的一系列金融组织体系、金融产品体系、金融市场体系、金融政策体系和制度安排”。

1.1.2　科创金融的特征

科创金融建立在科创与金融融合的基础上，这决定了其将蕴含源自科创及金融产业自身的特征，此外还蕴含科技创新与金融在融合过程中相互作用带来的特征，包括高风险性、知识密集性、阶段演进性、人力资本渗透性、管理资本介入性、资本市场牵引性。

1. 高风险性

传统企业的融资往往由订单驱动，有确定性的市场空间和市场需求作为支撑，有确定性的硬抵押物。科创主体则恰恰相反，在从科技创新到最终成为产品并获得市场认可的过程中，需面临多元风险，包括技术风险、生产风险、政策风险、市场风险、财务风险及管理风险等，市场需求和空间并不明朗，同时缺乏抵押物。而作为资金供给方的科创金融主体，难以准确而全面地掌握相关技术与市场的专业信息，也难以了解创新主体的经营状况、资产质量和潜在风险，存在相对传统金融体系更为严重的信息不对称，极易产生逆向选择和道德风险，导致资本市场的失灵，因此存在高风险性。

2. 知识密集性

科技创新本身是知识密集型活动，其对社会发展的突出贡献表现为对社会知识总量的贡献。同时，金融产业借由科技创新的力量突飞猛进，发展成建立在数量金融模型基础上的现代金融体系。由此衍生的科创金融体系建立在科技创新与现代金融两个高知识领域基础上，其本身的建立不是对科技创新知识或金融知识某一方面的专注发展，而是以科创金融体系为根本出发点的，适宜科学技术发展与培育的，有效化解科技创新过程风险的科创金融知识体系。

3. 阶段演进性

科技创新是从科学研究到技术发明改进再到新的生产体系的全过程，主导这一全过程的科创型企业的发展存在明显的周期性。依据企业发展生命周期理论，企业一般被划分为种子阶段、初创阶段、成长阶段、成熟阶段，由于发展规模、发展阶段及技术创新层次的差异，而对于资金、内部管理及风险把控需求迥然相异。在初创期，需要种子基金、风险资本和创投资本通过多元化的投资策略分散风险，帮助经营高度不确定性的科创型企业跨越技术原型到产品商业化的“死亡之谷”。在成长期，随着企业收入、现金流逐渐趋于稳定，为扩大市场份额，科创型企业不仅需要多轮私募股权投资以及上市、挂牌等融资服务，也相应需要与资本市场相配套的战略规划、公司治理、知识产权保护、人才引进等融智服务。在成熟期，科创型企业为了进一步扩大生产和研发，保持市场竞争力，需要更为丰富灵活的融资工具，并通过并购重组等方式实现做强做优做大。

4. 人力资本渗透性

科创金融以服务科技成果产生、转化和产业化为根本目标，不论是科技的研发还是应用转化，都是人力资本和金融资本有效结合的产物。金融服务业本身即是人力资源密集型产业，而科创金融体系的构建则意味着不仅需要知悉金融产品与服务，还需要对科技发展动态及趋势了如指掌，从而发展成对科创金融体系构建至关重要的复合型人才。从硅谷银行及美国创业风险投资的发展经验可见，复合型人才并非只了解科技或金融，而是需既懂科技又懂金融，并适应经济全球化、信息网络化的国际化科技金融复合型人才。

5. 管理资本介入性

与传统金融体系不同，以创业投资为代表的风险投资和以上市公司并购为代表的并购整合，都不仅在于资金的支持，还在于管理资本的介入。风险投资家将资本投入科创型企业后，由于存在巨大的信息不对称，其对于投后管理的介入十分必要，包括制订战略计划，组建有效运行的董事会，招募高层管理人员，为管理团队公司治埋提供咨询，联系潜在客户，提供后续融资乃至对风险企业家的激励约束与情感支持，等等。另外，对于很多细分赛道的优质科创型企业而言，其最佳成长模式是通过被上市公司并购，而不是依靠自身力量独立 IPO（首次公开募股）上市，而上市公司由于本身治理体系和管理能力相对完善，这种并购同样伴随了管理资本的介入和输出。

6. 资本市场牵引性

在引导要素向科技创新领域集聚和激发企业家精神方面，资本持有独特优势。资本最直接的存在方式就是组织各种生产要素，连接彼此的生产功能，在引导要素协同集聚中发挥基础性、战略性作用。资本市场通过价格机制引导资本要素向科技领域转移，并引领和推动土地、劳动力、技术、数据等要素向核心技术环节、关键领域协同集聚，提高要素的市场化配置效率，更好地支持科技创新。企业家在技术创新中具有重要作用，往往是创新发展的探索者、组织者、引领者。资本市场可以建立市场化激励约束机制，利用股权、期权激励等工具对企业家的创新进行奖励，有效培育企业家精神。

1.2　我国科创金融的发展历程

1.2.1　科创金融 1.0：以硬担保为主的科技信贷

1985 年伊始，中央为改进科技创新体制，做出《关于科学技术体制改革的决定》（以下简称《决定》），强调科学技术对经济建设的重要性。《决定》中改变单一由财政拨付资金发展技术的体制机制，提出凭借“鼓励部门、企业和社会集团向科学技术投资”“设立创业投资给以支持”“银行要积极开展科学技术信贷业务”，为科学技术发展的资金来源开拓渠道。这一阶段处于中国计划经济体制向市场经济体制的转型时期，企业面临转型，此时的科创金融的重点及形式是信贷市场的科技贷和财政贷款贴息。据统计，1985—1996 年，工商银行等五大国有银行累计发放科技贷款 700 多亿元并支持了近 7 万个科技开发项目，众多高科技企业（如联想、海尔、华为、远大、同方等）的技术资本化、产业规模化都受益于这一阶段的科技金融支持。同时，风险投资作为科技金融工作探索的方式之一，也在这一阶段起步发展。

1.2.2 科创金融 2.0：科创金融多元业态大发展

2006 年，我国进入《国家中长期科学和技术发展规划纲要（2006—2020）》的实施阶段，以此为起点，多元化科创金融产品、服务开始出现。2006 年科技部与原保监会选取北京、天津、重庆等 12 个高新区进行科技保险试点；2007 年财政部会同科技部设立科技型中小企业的创业投资引导基金；2009 年形成“新三板”市场，同年推出的创业板意味着为科技创新提供资金的多层次资本市场基本形成。2011 年 10 月，科技部确定包括北京市中关村、天津市、上海市等在内的 16 个地区为首批促进科技与金融结合的试点地区。随后，科技部联合“一行三会”启动了试点工作，在中关村国家自主创新示范区等 16 个地区密集开展探索。这一时期，科创金融实践活动十分活跃，并在科创金融政策体系及工作机制、科创金融服务产品及工具、科创金融平台等方面取得了重要成效，如财政科技投入方式和结构不断优化，撬动社会资本的引导基金、母基金模式出现；信贷担保方面呈现风险补偿基金、贷款贴息、知识产权质押贷款、科技支行、科技小贷、科技保险等多样化结构；资本市场推出了新三板、创业板市场等；各种形式的科技金融服务集团、科技金融服务中心等平台不断建立。

1.2.3 科创金融 3.0：全面注册制下的资本市场

2018 年以来，我国科技创新面临的内外部环境发生巨大变化。对内，许多技术领域进入无人区；对外，则面临以美国为首的科技封锁。以习近平同志为核心的党中央把握世界发展大势，提出把科技自立自强作为国家发展的战略支撑。

2018 年 11 月，习近平总书记宣布在上交所设立科创板，并进行注册制试点，标志着科创金融 3.0 的到来。2021 年由习近平总书记亲自宣布设立的北京证券交易所，定位于服务创新型中小企业。2023 年 2 月 1 日，中国资本市场迎来历史性时刻。中国证监会对外发布就全面实行股票发行注册制涉及的

《首次公开发行股票注册管理办法》等主要制度规则草案向社会公开征求意见，标志着全面实行股票发行注册制改革正式启动。

这一阶段，在全面注册制等关键性制度创新的撬动下，我国资本市场支持科技创新的“版图”愈加清晰，各自有着明确定位的主板、创业板、科创板、新三板、私募股权市场等，正逐步成为新经济集聚地、各类科技创新企业理想的直接融资场所。数据显示，近年来科创板、创业板 IPO 公司数超同期境内市场 70%，私募基金累计投资未上市公司股权超过了 10 万亿元，其中有相当比例投向科技创新领域。

同期，2021 年 11 月 25 日，经国务院同意，中国人民银行等八部委印发《山东省济南市建设科创金融改革试验区总体方案》，济南市获批建设全国首个科创金融改革试验区，由此拉开以“科创金融”为名的地方金融改革试验探索序幕。

1.3 科创金融的国际发展实践

1.3.1 美国：资本市场和风险投资独步全球

美国是全球金融体系最发达的国家，其科创金融模式的特点是依托高度自由化的经济，以资本市场为主导，建立了多层次资本市场、风险投资市场与风险贷款市场，为科创型企业提供全方位服务。

1. 完善的多层次资本市场

美国的资本市场具有层次分明和风险分散的特征，是一种金字塔形结构，具体层级如下：主板市场设立了较高的上市标准，由纽约证券交易所（NYSE）和美国证券交易所（AMEX）构成，主要满足成熟期产业化阶段的大型科技企业产生的巨大上市融资需求，美国拥有 18 家全国性的证券交易所，其中，纽约证券交易所规模最大，其证券交易量占全国证券交易总量的 80%；二板市场由纳斯达克市场（NASDAQ）构成，包括纳斯达克全球精选市场（NGS）、纳斯达克全球市场（NGM）和纳斯达克资本市场（NCM）三个层次，上市门槛很低，是许多达不到主板上市条件的中小高科技企业的主要融资渠道，美国最具成长性的中小企业中有90%以上在纳斯达克市场上市，培育了如苹果、微软、戴尔、英特尔等一大批高科技企业。场外交易市场（OTC），尤其是债券交易非常活跃，包括种类丰富的抵押公司债券、可转换公司债券、信用公司债券、高收益债券等，这些债券根据不同的发行主体，具有不同的收益和风险，美国的债券融资占据了企业直接融资中的大部分份额。既为初创期中小企业融资、风险投资和产权评估服务，也为非主板上市的股份提供转让的渠道。

2. 成熟的风险投资市场

自美国研究与发展公司（ARD）诞生之日算起，美国风险投资已有70多年历史，并且融资额长期保持全球第一。风险投资业缔造了美国科技创新的奇迹，从半导体产业，到微型计算机，到软件业，再到互联网，一步一步地推动着这些新兴高科技产业的发展。据统计，美国近50年上市的1500多家企业中，有高达43%的公司源于风险资本的投资。其主要特征有四个方面：一是组织形式以有限合伙制为主，可以有效地解决存在的一系列代理问题。二是机构基金占绝对主导地位且资金来源广泛而稳定。美国风险投资资金来源多元化，主要有捐赠基金、投资银行、非银行金融机构、大公司、银行控股公司、养老保险、保险公司以及外国投资者。三是风险投资比较青睐于风险企业的成长期和扩张期进行投资，美国的风险投资资金约有80%投在成长期和扩张期，行业则集中于医疗、生物技术、信息技术以及健康产业。四是退出渠道多样，包括公开上市、企业兼并收购或股权出售、企业破产清算等。三种退出方式大约各占三分之一，其中企业兼并收购或股权出售的占比略高。

3. 完善的法律体系和政策支持

美国科创金融体系的构建离不开完善的法律和政策支持。第一，美国政府通过制定《小企业法》明确将促进中小高科技企业创新列入政府职能，规定政府采购合同中必须根据一定比例分配给中小高科技企业。第二，在财政税收方面，颁布《小企业技术创新法》，规定各州政府每年要预留经费的2.5%用于扶持研发经费在1亿美元以上的科技企业；颁布《税改法案》，将风险投资的资本利得税从最高时的 49% 降低到零，同时针对资本持有年限实施不同的税率，即持股时间越长所缴利得税越低。而且美国国会通过立法，对投资小企业股所得 100% 免税。第三，打通直接和间接融资市场，银行甚至可以在风险投资基金中持有高达 100% 股权的比例，对投资银行参与风险投资规定较宽松的条件。第四，政府通过制定《JOBS 法案》，降低成长型企业实施 IPO 和公开信息披露的相关要求和标准，并调整私企融资规则限制，让高科技企业以更便利的条件在公开市场获得资金支持。第五，专门成立小企业管理局，其服务网点遍布全美，为中小企业提供担保、融资和咨询服务。小企业管理局及其配套政策最大的作用是为中小企业融资提供了信用增进，为投资者提供了风险分担机制。目前，美国通过小企业管理局构建了从全国到区域再到社区的三层次中小企业信用担保体系，覆盖面广，可以为中小企业提供不同性质、不同类型的担保，助力中小企业更有效地获得贷款。

1.3.2　德国：充分发挥全能型银行支柱作用

德国的科创金融支持体系以间接金融、全能型银行业务为主，政府综合运用财政杠杆与金融杠杆支持中小企业科技创新，有效促进了科创型中小企业的发展。

1. 发挥政策性银行的重要引领作用

德国目前仅有一家政策性银行——德国复兴信贷银行（KFW），其为中小企业尤其是高风险的科技创新企业融资提供强有力的支持，发展经验如下：首先是立法保障，KFW 根据 1948 年成立的《德国复兴信贷银行促进法》，以法律形式明确其对中小企业金融支持的职权。其次是国家信用。由于享有政府担保，三大国际评级机构均给予 KFW AAA 评级，融资成本较低。再次是转贷模式。KFW 一般不直接与贷款客户接触，而是通过储蓄银行、信用合作社、商业银行等机构间接贷款给客户，并主要由转贷银行承担最终贷款风险。由于 KFW 筹资成本较低，政府提供利息补贴，保证其能够以较低利率向转贷银行提供资金，从而广泛带动了商业银行支持中小企业的积极性。最后是股权投资。除了转贷模式，KFW 还通过设立引导类投资基金对创新型中小企业提供股权支持。2005 年，德国联邦经济技术部主导设立高科技创业基金（HTGF），并由 KFW 与知名企业、担保银行等辅助共同成立，为存在高风险的初创期的科技企业提供资金支持。2008 年，KFW 又成立了欧洲复兴计划（ERP）创新项目，主要为初创期企业研究提供资金支持和长期融资。具体而言，KFW 根据企业不同成长阶段给予 50 万～2500 万欧元的投资，剩余缺口由风险投资等公司出资补充。

2. 发挥商业银行支持科技创新的“中流砥柱”作用

德国的商业银行、储蓄银行、信用合作社被称为“全能银行”，这些信贷机构除承接德国复兴信贷银行的“转贷”外，自身也积极进行金融产品和服务创新，是支持创新型中小企业信贷融资的主力军。储蓄银行是德国特有的一种商业银行模式，目前，大概由 600 家机构组成。储蓄银行有集团合并报表，成员使用共同标志，建立统一的大数据库，采用统一的联合企业评级系统来衡量企业风险；同时，储蓄银行成员拥有高度的自主权，在法律与财务上完全独立，经营范围仅限所属区域等。目前，储蓄银行专注于直接面向中小企业的零售融资服务，并以此为中心拓展其他金融业务；建立了与小微企业共同成长的文化理念，可以长期持有小微企业的贷款资产。德国的信用合作社与储蓄银行类似，同样不允许跨区经营，在业务上以传统存贷为主，较少涉及复杂业务，使得其只能专注于服务地方企业。大型商业银行更鼓励金融产品创新。德意志银行、德国商业银行等大型商业银行针对中小企业的贷款额度也较高（市场份额约为 13%），且会通过产品创新加大支持力度。例如，德意志银行可为初创期的小微企业提供长达 10 年的无息或低息信贷项目；德国商业银行为中小企业提供票据融资业务的门槛只有 50 万欧元。由于德国金融业是混业经营，不仅可以经营信贷业务，还能经营证券、金融衍生品等业务；这使得德国银行可广泛参与企业公司治理，银行不仅给企业提供资金，还包括参与企业股份、代理其他股东股票、为企业提供投行咨询服务等方面。从制度环境来看，这种管家银行模式是德国银企良性协同的重要基础。

3. 政府参与的担保体系分散风险

德国的担保银行由工商业协会、储蓄银行、商业银行等合作发起，属于区域类政策性机构。德国的担保银行每年为全国大约 50% 的中小企业信贷提供担保，在科创型企业贷款中占比更高。经过多年的发展，德国担保银行已形成了一套风险分担机制，即商业银行与担保银行对担保贷款按照 20% 和 80% 的比例来分担风险。当担保银行发生代偿损失时，政府一般会承担其损失的 65%（其中联邦政府承担 39%、州政府承担 26%）。在原东德地区的 6 个州，联邦政府和州政府承担的比例更是高达 80%，意味着担保银行最终仅承担 16% 的损失。同时，担保银行具有先进的动态信用评级技术与风险承担体系，并规定担保银行的贷款损失率为 3% 以内，超过部分应通过增加保费率、政府承担以及担保银行投资人增加资本进行解决。此外，政府规定了担保银行可进行投资，这种可持续性机制保障了中小企业的融资需求；若担保银行的新增利润仍用于担保业务，则可以享受税收优惠等利好政策。政府兜底行为极大地保护了担保银行的利益，使其积极性较高，也改善了商业银行的风险分布和中小企业的融资环境。截至目前，德国从未发生过担保银行破产事件。

1.3.3　以色列模式：以政府资金分散科创风险

以色列科创金融体系着重强调营造激励创新的公平竞争环境，通过政府资金的创新运作构建创新风险分担机制，强化风险投资等金融行业对创新的服务功能，其政府性孵化器和引导基金取得了显著成效。

1. 实施政府性种子基金计划

在种子基金方面，以色列推出了众多种子基金计划，其中“科技孵化器”计划最为成功。科技孵化器于 1991 年成立，主要目标是对风险较高的创新技术理念进行投资，使其转化为可行的创业公司。在科技孵化器运营过程中，政府坚持“共担风险，但不分享收益”的原则，为进入科技孵化器的企业提供为期两年的低息优惠贷款，总预算 50 万 ~ 80 万美元不等，创业失败的企业，则无须承担偿还责任，政府对孵化项目的投资占比高达85%，政府投资补助金在项目成功后必须全额归还，同时企业须支付政府所得收益的3%～5%的特许权使用费。如果创业的科技型企业经过两年孵化后仍无法产业化，或没有足够的市场需求，则政府将宣布企业破产并解散，创业者无须向政府支付任何的孵化与资金使用费用。以色列的科技孵化器一般隶属著名的大学、地方行政区域或者工业集团。政府不仅对科技孵化器数量和运营模式有严格的限制与规范，对进入和退出也设有严格的壁垒。

2. 实施政府性风险投资计划

在风险投资计划方面，以色列政府推出的YOZMA基金计划被公认为全球较成功的政府引导基金与科技型企业支持计划之一。该基金要求由一个以色列境外机构和一个以色列本地的金融机构参与作为基金的有限合伙人，并且YOZMA子基金均为独立的有限合伙制企业，带动民间资本融入科技创新企业。YOZMA基金之所以取得如此成功，与其运作模式密不可分。YOZMA基金在成立之后，即成立了专司管理的YOZMA创业投资管理公司负责基金的运营，将基金资产分为两个部分，其中20%由基金直接投资，80%则与其他资本共同组建了10只子基金，每只基金注册资本为2000万美元。子基金的运作包括三个阶段：出资阶段、投资阶段、退出阶段。在出资阶段，政府在每一只基金中投入40%的份额，其余60%则通过吸引民间资本和国际资本等商业性资本投入；在投资阶段，政府与其他出资人共同聘请专业管理人管理投资业务；在退出阶段，政府根据事前的承诺和约定价格，及时退出。在政府（YOZMA）的引导和带动下，1998年以色列累计有90家以上的创业投资基金投资于高技术产业，基金规模达到35亿美元，实际投入高新技术企业的资金约30亿美元，极大地推动了高科技产业的发展。鉴于私人部门进行创业投资的能力已经足够强大，以色列政府在1997年通过YOZMA私有化的方式实现了政府退出，政府退出取得的收益远大于1亿美元。

3. 设立双边产业研发基金

以美双边产业研发基金（BIRD基金）是全球历史较悠久的双边合作基金之一，由以色列和美国政府在1977年联合创建，旨在促进以美两国中小型企业进行产业技术创新的国际合作。成立至今，BIRD 基金已支持超过 900 个产业合作项目。管理方面，BIRD 基金理事会为最高管理机构，理事会一般每半年召开一次会议，理事会成员一般来自财政部、经济部等政府部门。BIRD 基金要求所有申请的项目必须是由一家以色列公司和一家美国公司联合申请，两家公司共同承担研发和销售过程中的风险。这些项目会提交有经验的专家审查，专家组由美国国家标准与技术研究院（NIST）和以色列首席科学家办公室组成。与一般的风险投资基金不同，BIRD 基金提供的是政策性债权融资，并不要求股权回报。BIRD 基金对申请项目提供的资金支持最高金额可达到项目总预算的 50%，而只有当该项目获得销售收入时，BIRD 基金才要求企业偿还提供的资金。为了鼓励企业尽早实现商业化，BIRD 基金根据偿还期限的不同设置了不同的偿还比例，比例从 100% 到 150% 不等。如果企业能在项目完成第一年还清，则只需要偿还初始投资的 100%，即偿还本金即可。如果项目失败，BIRD 基金将不要求还款。鉴于 BIRD 基金的成功经验，以色列政府分别与加拿大、新加坡以及韩国等国家建立了类似的基金，也都获得了不错的效果。

1.3.4　日本模式：建立全球领先信用补全制度

日本的科创金融体系与德国类似，也是以银行为主导的间接融资体系。围绕科创型企业金融需求特点，日本全面推动银行体系改革，并建立了具有本国特色的信用补全制度，较好地解决了科创型企业中小企业的融资问题。

1. 建立金融服务科创型企业法律体系

自 20 世纪 90 年代始，日本不断完善科技金融的政策法规体系。1995 年的《中小企业创造活动促进法》是日本第一部支持对科技型中小企业进行风险投资的法律。次年，日本各县设立“风险财团”，专门用于投资研发型风险企业。1997 年，日本开始实施“天使税制”，对投资风险企业的天使投资人提供税收优惠。1998 年，日本出台《中小企业投资事业有限责任合伙合同法》，并设立中小企业综合事业团（后改为中小企业基础设施建设机构），专门从事中小企业风险基金投资项目。2011 年《有关产业活力再生及产业活动革新的特别措施法》出台后，中小企业基础设施建设机构开始为风险企业债务提供担保。2013 年出台的《产业竞争力强化法》进一步加强了政府对企业风险投资的税收扶持。

2. 成立三大政策性金融机构

日本政府为满足中小企业的融资需求建立了国民生活金融公库、中小企业金融公库、商工合作社中央公库等政策性金融机构，这三个政策性金融机构的主要功能是为中小企业发展提供低息融资服务，但又各有侧重。国民生活金融公库主要提供小额周转资金贷款，服务对象是规模较小的中小企业。中小企业金融公库则支持规模较大的中小企业，为其提供长期低息贷款。由政府和中小企业协会共同出资组成的商工合作社中央公库，对团体所属成员提供贴现票据、无担保贷款等服务。这些政策性金融机构在一定程度上改善了科技型中小企业融资难的问题。

3. 建立全球领先的信用担保制度

结合本国银行主导的科创金融市场的特点，日本建立了具有本国特色的信用补全制度。由信用补全制度构成的信用担保体系包括两级担保，一是担保与保险相结合，二是中央与地方共担风险。担保与保险相结合是指信用补全制度，包括信用保证协会制度和中小企业信用保险制度，信用保证协会在中小企业向金融机构借款时为其提供担保服务；中小企业信用保险制度是指信用保证协会在为中小企业提供担保时，和中小企业保险公库签订合同，当中小企业无法还贷时，信用保证协会可根据合同向中小企业信用保险金库索赔保险金。中央与地方共担风险是指政府会根据情况补偿信用保证协会的最终损失。日本的信用补全制度被誉为最完善的信用担保体系，在间接融资市场发达而直接融资市场不发达的不平衡金融市场中实现了较好的政策效果，其担保规模在 1999 年末就已远远超过美国，较好地解决了科技型企业融资问题，有效促进了科技型中小企业的发展。

4. 推动银行体系全面改革

20 世纪 90 年代以来，日本经济陷入了衰退和停滞，引发了日本政府对传统金融制度的深层次改革。日本金融体制重建旨在改变高度监管的银行系统，将其转变为一个公开透明的、以市场为中心的金融体系，从而振兴日本经济。改革后的日本金融中介在组织结构、融资工具和融资制度上都进行了创新，更加有利于日本科技企业通过间接融资渠道进行融资。金融改革后，日本从法律上完全解除了银行、保险公司、证券机构等金融机构业务范围的限制，各机构之间的金融活动与服务相互交叉、相互渗透。在政策的推动下，日本金融领域出现了前所未有的大规模重组与整合。改革后的金融体系可以根据科技企业的生命周期来提供相应的融资服务。如创业投资子公司可以为科技企业的早期和成长期提供资金；科技企业进入中后期，由于前期创投机构的扶持，其获得银行贷款的机会更大、贷款额更高；科技企业步入成熟期后，金融持股公司旗下的证券子公司可以为企业利用股票市场和债券市场直接融资提供服务。此外，日本政策性金融机构根据相关法律，对缺乏传统抵押担保物的创业企业，可以知识产权担保提供长期资本供给，实践中主要以专利权和著作权为担保。在政府、银行机构和科技企业三方共同努力下，知识产权担保融资成为解决科技型中小企业融资困难的有效工具。

第 2 章　科创金融相关基础理论

根据第 1 章对科创金融的概念、特征和实践的系统梳理，不难发现金融体系与科技创新体系密不可分的关系，但对于二者这种联系如何运作、如何评价，则需要进一步寻找相关理论支撑。为此，本章将从金融运作与科技创新两方面梳理相关理论，为探寻科创金融的运作机制，指导科创金融的科学评价，奠定研究基础。

2.1　金融相关理论

2.1.1　金融功能理论

在博迪和默顿等学者所著的经典金融教科书《金融学》（Bodie & Merton et al.，2009）中，提出功能视角更适用于分析同经济体、不同时期的金融机构，原因在于：第一，金融功能比金融机构更为稳定，即金融功能随时间和经济体的变动较少；第二，金融机构的形式以功能为指导，即机构之间的创新和竞争将导致金融体系功能效率的提升。金融机构基本核心的功能包括以下几方面。

1. 资源配置

首先是跨期配置，金融体系为时间上经济资源的跨期转移提供了方便，经济资源拥有者为了取得未来收益而放弃当前消费，需求者现在资源短缺，渴望得到经济资源，以便扩大生产。金融体系满足了双方对于经济资源跨期配置的需求，提升了社会总体效率。其次是跨区域配置，金融体系为空间上经济资源的跨国和跨行业转移提供了便利。经济资源有可能远离其利用效率最大化的国家、地区和行业，金融体系通过股票、债券和贷款的形式，实现经济资源的空间转移，最大化经济资源的使用效率跨期配置和跨区域配置的影响：金融体系为资源的时空同时转移提供了条件。经济状况越复杂，金融体系在跨期转移资源过程中的地位就越重要。金融体系转移资源的功能，推动了经济资源从低收益率的生产单位流向高收益率的生产单位，提高了生产效率和收益。

2. 清算与支付结算

金融体系具有清算、结算的功能，这为商品、服务和资产交换提供了便利。原始的物物交易和易货交易，方式直接，但效率很低。在不同国家、不同地区以及同一地区人们的交换过程中，金融体系提供了双方都可以接受的有效支付途径。居民和企业无须在购买过程中浪费时间和资源。纸币对黄金的替代提高了支付效率。支票、信用卡、电子汇款进一步提高了效率。数字加密货币成为用于数字化结算交易的代币（BIS），IMF（国际货币基金组织）可能在未来利用加密货币替代特别提款权（Special Drawing Rights，SDRs），甚至借此进一步替代国际市场储备货币。

3. 管理风险

风险是由于未来存在不确定性而导致损失的可能性。金融体系不仅具有重新配置资源的功能，而且可以重新配置风险。管理风险有两个途径：其一，保险公司就是专门从事风险转移的金融中介。它们从希望降低风险的客户那里收取保费，同时将风险转移给为了换取某种回报而愿意偿付索赔、承担风险的投资者。其二，此外，金融体系拥有多元化投资工具，为投资者分散投资风险提供了便利。

4. 归集资源并细分股份

金融体系具有归集资源和细分股份的功能。归集资源：相对于企业运作的资本需要量，个人投资者的资金通常是不够的，这时金融体系可以发挥归集资源的作用，聚集众多投资者的资金，集中投向企业，满足企业生产所需。细分股份：股票市场为企业股份的细分和流通提供了场所。在不影响企业实际生产的同时，为投资者提供了投资机会并分享企业收益。另外，股份细分降低了投资门槛，为投资者提供了新的投资机会和途径。

5. 提供信息

信息不完全、不对称会很大程度地影响经济体对投资项目收益的判断以及储蓄投资转化的规模和效率。经济社会充满不确定性，获得信息对经济主体而言是有益的，有助于减少风险。在信息不完全的情况下，很难搜寻信息以及保证信息的准确，而在信息不对称的情况下，激励问题普遍存在，这些因素都会影响储蓄投资的转化。在金融体系中，投资者广泛参与金融交易，促进价格发现。另外，市场的公允价格为不同经济部门决策提供信息，有助于决策者把握市场方向。每一种新金融工具的出现都会从一个新的侧面提供信息，供决策者利用。金融市场的有效性越强，金融资产价格反映的信息就越准确。

6. 解决激励问题

在生产经营中，激励问题广泛存在。激励问题的产生，源于信息不对称以及所有权和决策权的分离。由于信息不对称，合同当事人不易彼此了解，在贷款过程中，高风险公司会更努力地包装自己、蒙蔽银行，银行可能会做出错误的贷款选择，贷款给资质差、风险高的公司，背离选择的初衷。正是由于逆向选择、道德风险、委托代理等问题的出现，需要进行监督和控制，进而产生了激励问题。金融体系为解决激励问题提供了有效的途径，促进了社会生产效率的提高。

2.1.2 金融中心理论

1. 金融中心的形成

金融中心的成因是金融中心理论研究的核心，主要可以从区位优势、产业集聚以及经营成本等方面进行分析。

从区位优势分析，金融中心的形成与发展是因为金融中心所在地具有区位优势，这些优势使得金融企业以较小的成本在较短时间开展较多的业务，因而在竞争中显现优势。

从产业集聚分析，金融企业的集中能够带来规模效应与集聚效应，这是金融中心形成与维持的关键。此外，金融企业的集中使金融市场辐射范围扩大。金融企业的集中带来的规模效应主要体现在，金融市场越大，其所发行的证券的流动范围越大，结果来自不同地区的借款者和贷款者将该地的需求和供给转移到中心市场，这使得金融中心发生的交易不仅限于对区际资金供求失衡的调剂；交易规模扩大还使借款者可以支付较低的利率，并能够得到更多的贷款，而贷款者可以多元化投资以分散风险。金融企业的集中带来的集聚效应主要体现在，跨地区支付效率的提高和金融资源跨区配置效率的提高。集聚能够有效降低金融机构的外部成本，促进各金融机构及各行业的信息交流。同时金融机构的增加使金融中心通信和交通等设施利用率提高。

从经营成本分析，金融活动交易成本越低，金融产品的流动性越强，金融市场的效率越高。为了节约金融交易过程的成本，金融业务倾向于向某一些地方集聚，促成了金融中心。金融中心从以下两方面促进交易成本下降，增强金融产品的流动性。一是金融中心作为集聚地，降低了评估成本；二是金融中心作为金融中介的集聚地，降低了金融交易的信息成本。由于金融中心不仅是机构、人才和技术的集聚地，还是信息的集中地，在金融中心交易双方更容易获取相关交易的业务信息，降低信息非对称性和信息收集成本，从而提高交易效率。

2. 金融中心功能发挥

如前所述，金融中心的核心功能是金融集聚功能和金融辐射功能，其他功能则是核心功能不同形式的延伸。从这个角度讲，金融中心功能的实现条件也就是金融集聚的条件和金融辐射的条件。

（1）金融集聚功能实现条件。

金融资源分为金融机构、金融资本、金融市场、金融信息和金融人才，归根结底可以落实为金融资本和金融人才，也即“钱、才”。钱，为什么会在一个地方集聚？一定要让钱能够赚钱，即盈利。盈利的来源，要么收益高，要么成本低，即“一高一低”。收益又来自两个方面，即本地经济和腹地经济。本地经济的金融服务量通常与经济总量高度相关，并不会因为金融资源的集聚有太大程度的提高，两者之间相辅相成。才，为什么会在一个地方集聚？一定要给予人才好的生活，高收入和高生活质量，即“两高”。此谓金融中心“钱才集聚论”（见图 2. 1. 1）。

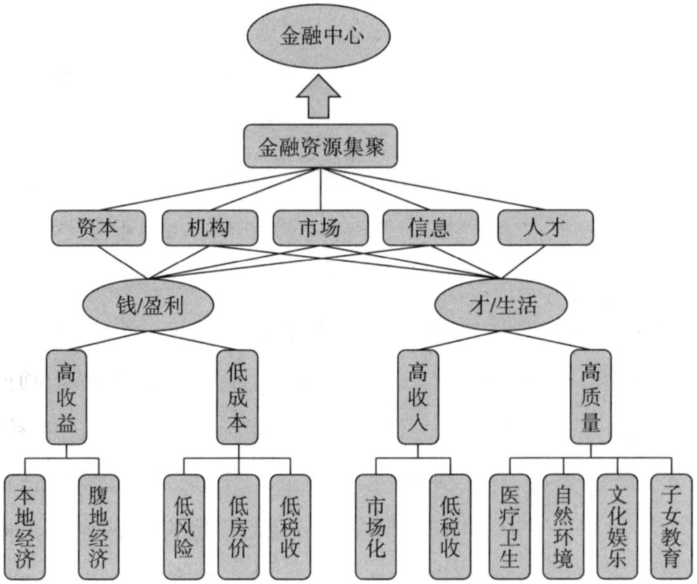

图 2. 1. 1　金融中心“钱才集聚论”

（2）金融辐射功能实现条件。

金融服务辐射大致可以分为资本输出、中介服务、产品服务、信息服务和人才输出，辐射能力的主体一般为法人机构和金融市场。法人机构依托设立异地分支机构，输出金融产品和服务，同时向本地归集更多的资本利得；本地金融市场以中介服务、产品服务、信息服务等方式，服务本地及异地市场投资者、参与者，同时向本地聚集更多的金融资源。因而，培育壮大本地法人机构和本地金融市场成为金融辐射功能实现的关键所在。此谓综合开发研究院（中国·深圳）“法市辐射论”（见图 2. 1. 2）。

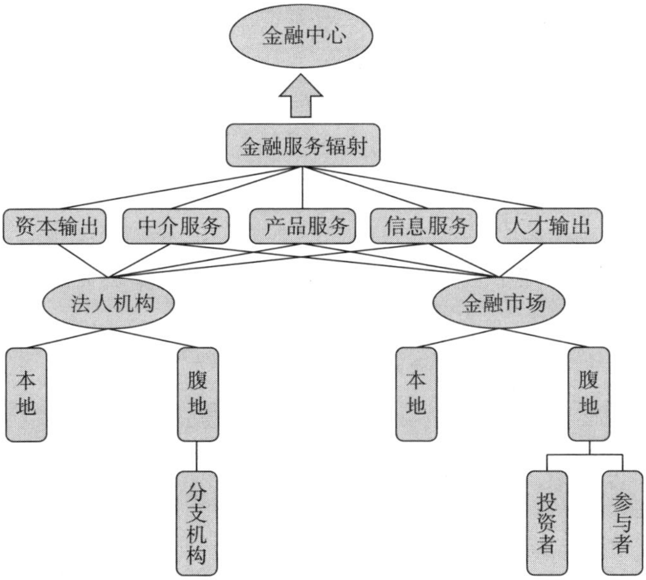

图 2.1.2　法市辐射论

2.2　科技创新相关理论

2.2.1　熊彼特创新理论

美国著名经济学家熊彼特在 1912 年首次提出了创新的概念。他认为，所谓创新就是建立一种新的生产函数，把从来没有过的关于生产要素和生产条件的“新结合”引入生产体系，以实现对生产要素或生产条件的“新结合”。熊彼特以《经济发展理论》为其代表作，被公认为主张以创新“反周期”或“反经济萧条”理论的正式创立者。

创新是经济增长的内生因素。熊彼特认为，市场经济体制下的经济周期性萧条也就是经济危机，是周期性会出现的现象。之所以会周期性地发生经济萧条或经济危机，他认为是在经济危机期间，由于各种资源投入的萎缩，先前创新形成的投资机会必然越来越少；由于投资机会的减少，经济会因投资不足形成生产萎缩、就业提供不足等一系列萧条现象，进入均衡时期。在熊彼特看来，“反周期”或“反经济萧条”的办法是通过创新，形成新的投资机会。创新则是打破这种均衡，推动经济发展的动力。因为通过创新活动所造成的盈利机会会带动其他企业家，进而掀起创新的热潮。在这样的背景下，又会形成这样的景象：企业家扩大对生产资料的需求，导致生产资料价格的上涨，进而企业家扩大对银行信贷的需求并引起信贷的扩张，等等。于是经济的上升阶段形成，即繁荣阶段到来。当创新提高了资源的生产力时，就在接近均衡时期，经济能力继续提升，于是出现了经济的复苏。由此可以看到，虽然熊彼特是从技术创新角度对资本主义经济周期进行的分析，但是其理论和实践意义重大。由于他认为创新是经济增长的内生因素，这就把创新的作用放在本源驱动力的地位了。

创新就是把生产要素和生产条件的新组合引入生产体系。熊彼特认为，“创新就是把一种新的生产要素和生产条件的‘新组合’引入生产体系”，即“建立一种新的生产函数”关系。具体主要表现为五种情况：一是生产新的产品，即产品创新；二是采用一种新的生产方法，即工艺创新或生产技术创新；三是开辟一个新的市场，即市场创新；四是获得一种原料或半成品的新供给来源，即材料创新；五是实行一种新的企业组织形式，即组织管理创新。虽然这也涉及管理创新和组织创新，但是熊彼特所说的创新主要还是一个经济学的概念，或者说是技术创新范畴；他重点强调的是把技术等要素引入经济，使技术与经济相结合。

企业家是创新的承担者。熊彼特非常重视在创新中人的作用，尤其是企业家的作用。熊彼特指出，“我们把实现‘新组合’的人们称为‘企业家’”。他们是那种敢于冒风险的、有锐敏观察力和组织能力的从事全新活动的“企业家”。在熊彼特看来，创新的主动力来自企业家精神，只有能够加入甚至引领创新的企业经营者才能称得上“企业家”，企业家是创新的承担者。

2.2.2 “国家创新体系”理论

1987 年，英国著名经济学家弗里曼对日本经济起飞的经验进行了深入研究，提出了“国家创新体系”的概念。弗里曼把创新归结为一种国家行为，因此他的“国家创新体系”概念的基本含义是：“由公共和私有机构组成的网络系统，它们之间的相互作用及其活动促成、创造、引入、改进和扩散各种新知识和新技术，使一国的技术创新取得更好的绩效。”在这个系统中，弗里曼特别强调四个因素：作为技术创新主体的企业以及产业结构的作用，作为科学技术知识研究开发的机构和高校的作用，促成科技知识转移和扩散的教育培训部门以及中介机构的作用，作为创新系统协调机构的政府国家及其政策的作用。

“国家创新体系”理论的发展。当知识经济初现端倪之后，在研究美国和日本等国家与地区关于资助技术创新的国家制度体系的基础上，1993 年美国经济学家纳尔逊明确提出了“以制度为基础”的观点。这就对弗里曼“国家创新体系”的思想进行了完善与发展。他认为，从弗里曼强调的四个因素可以看出，现代国家创新体系在制度上是相当复杂的系统，这个系统既有制度因素也有技术行为因素，既包括企业、研究机构和研究型大学，又包括政府的相关机构以及社会中介机构，等等。因此，必须建立有利于创新的制度，通过科学有效的制度来优化创新资源的配置，协调创新活动的开展，这既是国家创新体系的主要功能，也是国家创新体系能否有效发挥作用的保障。纳尔逊“以制度为基础”的完善“国家创新体系”的观点提出后，反响巨大，促使创新从仅仅立足于技术层面的认识和实践逐步发展为制度层面的认识和实践。用制度整合社会、国家创新资源、能力的全新研究视角和热点问题由此展开。

2.2.3 “增长极”理论

法国经济学家弗朗索瓦·佩鲁于 20 世纪 50 年代最早提出“增长极”的概念，它主要建立在抽象的经济空间上，认为经济空间并不是平衡的，而是存在极化过程。他提出的增长极的概念，认为受力场的经济空间存在着若干中心（或极），产生类似“磁极”作用的各种离心力和向心力，每一个中心的吸引力和排斥力都产生相互交汇的一定范围的“场”。佩鲁正是从这种受力场的中心确定了他所谓的增长极，增长极在这里产生并扩展到经济的其他部分。这些少数“中心”对其他经济单位存在着支配效应，这种支配效应主要来自创新能力。在此基础上，经一些学者的研究，如瑞典经济学家缪尔达尔、法国经济学家赫希曼，这一理论有了进一步的发展。

总的来说，增长极理论认为：一个国家或地区要实施平衡发展只不过是一种理想，在现实上是不可能的，经济增长通常是从一个或数个“增长中心”逐渐向其他部门或地区传导。因此，应选择特定地区作为增长极，推动空间经济极化发展。通过资源优化配置于某些特定地区，形成集聚效应，为在短期内促进特定地区经济迅速发展提供了一种行之有效的战略选择。然而，增长极本身也有负效应，由于增长极的极化效应强，扩散效应弱，会导致地区差异扩大。但是这一效应并不是不可逆的，如果在增长中心的区位选择、产业选择以及经济活动方面注重强化空间经济的扩散效应，那么，增长极理论的负效应会在很大程度上得以减弱，从而使增长极理论既能够在较短时期推进特定地区经济增长，又能够将其经济增长的动力辐射周边落后地区，带动其共同发展。

第 3 章　科创金融评价基础

科创金融体系不仅包含多元要素，而且不断发展变化，因而要对特定区域的科创金融发展进行科学评价。为此，有必要对科创金融体系的具体构成、科创金融的未来发展趋势进行全方面梳理；同时针对科创金融的特点，选择合适的评价方法，以此为基础，建立一个科学、客观的科创金融评价体系。

3.1　科创金融体系的构成

根据本书关于“科创金融”的定义，作为一个完整的金融体系，科创金融体系应包含科创金融组织体系、科创金融产品体系、科创金融市场体系和科创金融政策体系四大部分，这是提取科创金融评价要素的基础。

3.1.1　科创金融组织体系

科创金融组织体系是指参与科创金融产品与服务供给的市场主体，主要包括私募股权投资机构、银行机构、证券机构、保险机构、地方金融组织以及中介服务机构。其中私募股权投资机构主要包括创业投资、政府引导基金等；银行机构主要包括政策性银行、科技银行，目前我国尚无专门性科技银行，但国内商业银行已普遍成立了科技支行等专营机构。证券机构主要包括证券公司的投行部门，是助推科创型企业登陆资本市场的关键机构。保险机构主要指科技保险公司，例如国内首家专业科技保险公司太平科技保险股份有限公司成立于2018年1月。地方金融组织包括科技融资担保公司、科技小额贷款公司、科技融资租赁公司等。中介服务机构包括科创保险经纪机构、信用评级机构、会计师事务所、律师事务所、资产评估机构、知识产权评估机构、智库机构等。

3.1.2 科创金融产品体系

目前，我国金融机构已形成丰富的科创金融产品类型，但占据主导地位的是科创信贷、科创保险、科创融资担保三类，另外，多种科创金融产品的联动创新已成为主流科创金融产品形态。一是科创信贷。除了银行针对科创型企业提供的首贷、中长期贷款外，还包括科技成果转化贷款、知识产权质押贷款、股权质押贷款、应收账款质押贷款、商业票据质押贷款、“专精特新”贷款等新型融资业务。二是科创保险。目前，各地推出的科创保险产品主要包括研发责任保险、关键研发设备保险、营业中断保险、产品质量保证保险、雇主责任保险、环境污染责任保险、专利保险、小额贷款保证保险、项目投资损失保险以及出口信用保险等。三是科创融资担保。以政府性融资担保产品为主，常见科创类担保产品包括知识产权质押融资、应收账款质押融资和中长期研发融资等。四是多种科创金融产品的联动创新。例如投贷联动、银保合作、保担联动、贷款+远期权益、信保基金+银行+担保等。

3.1.3 科创金融市场体系

科创金融市场体系主要是指围绕上市科创型企业的多层次资本市场。目前，我国资本市场由场内市场和场外市场两部分构成，场内市场包括主板（含中小板）、科创板、创业板（俗称“二板”）、北交所；场外市场包括新三板、区域性股权交易市场、证券公司主导的柜台市场。其中，2009年启动的创业板，定位于孵化创业型、中小型企业，是我国中小型企业上市的重要平台；2018年由习近平总书记亲自宣布设立的科创板，主要服务于符合国家战略、突破关键核心技术、市场认可度高的科技创新企业，这是我国构建科创金融市场体系的关键，是提升服务科技创新企业能力、增强市场包容性、强化市场功能的一项资本市场重大改革举措。2021年由习近平总书记亲自宣布设立的北京证券交易所，定位于服务创新型中小企业，提出尊重创新型中小企业发展规律和成长阶段。这是继科创板之后，我国科创金融市场体系建设的又一重大突破。从地方政府层面来看，区域性股权交易市场可作为空间较大，目前各地区域性股权交易市场在针对未上市科创型企业股权的集中托管、质押、转让等方面的服务正在不断完善。

3.1.4 科创金融政策体系

科创金融政策体系指从中央到地方，关于金融支持科技创新的各种制度安排和支持政策。由于金融事权在中央，而对地方层面科创金融的评价不涉及相关制度安排，以相关政策为主。从我国各地方层面科创金融的政策实践来看，主要包括对科技支行、科技保险等科创金融组织机构引进新设的奖励支持政策，对科创信贷、科创保险等科创金融产品的补贴、贴息、风险分担、奖励和统筹协调，支持科技创新的中长期贷款等政策性金融工具的运用，政府性产业引导基金的组建和管理，针对上市科创型企业、发债的便利性服务、补贴和奖励，关于科创型企业信用信息共享平台的搭建，关于科创型企业和科创金融资源的对接平台的搭建，关于私募基金二级市场、知识产权运营交易市场等配套市场的建设，关于科创金融集聚区的建设，等等。

3.2 科创金融体系的趋势

只有正确把握未来趋势，才能更好地评估当下。金融是强政策行业，也是强市场行业，科创金融的未来发展不仅受到国家、地方相关政策的影响，也受到金融作为高度专业化、复杂化的行业本身运作规律影响，更与人类科技创新发展的脉搏和动向密不可分。总结而言，科创金融未来发展将呈现以下四个趋势。

3.2.1 资本市场枢纽作用不断加强

从历史上看，资本在社会生产力发展过程中占据重要地位，20 世纪 60 年代，经济学家索洛明确提出“资本体现的技术进步”概念。近几十年来，新一轮科技革命和产业革命加速演进，科技创新“始于技术，成于资本”的特征明显。以美国为例，20 世纪 70 年代以来，以计算机、互联网为核心的工业革命兴起，美国在纳斯达克等各类市场的有力支持下，成为全球科技创新中心，在全球产业链中占据绝对主导地位。资本有效引领并推动其他生产要素向半导体、信息、软件、生物等新技术领域转移和集聚，并激发了一大批企业家的创新创业精神，诞生了英特尔、微软、苹果、特斯拉等一批全球领先的科技巨头。可以说，既是这些高科技企业成就了美国资本市场，也是美国资本市场成就了这些企业，两者相辅相成，缺一不可。近年来，我国资本市场基础制度加速变革，全面注册制正式落地，体现了党中央、国务院对增强资本市场枢纽功能的更高期望。我国资本市场对创新要素的引领、带动、定价、激励及风险缓释等方面的作用将进一步加强，为创新资本的形成提供越来越全面、系统的投融资服务，推动我国科技创新企业成长壮大。

3.2.2 多元化主体的协同更加重要

尽管近年来科创金融实现了快速发展，依然面临着银企信息不对称、风险收益不匹配等内生矛盾，以及知识产权评估、交易、流转难，涉企信用数据整合共享不足等外部约束。为破解这些难题，政府、银行、保险、担保、创投等多元化主体的协同合作在不断加强。从政府层面来看，近年来，国内领先城市纷纷搭建数字化的金融综合服务平台，作为区域金融和科技创新的资源整合者和集成商，统筹协调银行、保险、担保、创投等多元化主体，为不同周期的企业提供政策申请兑现、投融资、知识产权成果转化、创新创业等一站式、全周期服务，实现金融和科技资源的集聚融合和高效对接，形成科创金融服务生态圈。从市场层面来看，部分有实力的大型金融机构正在构建多元化主体协同合作的科创金融生态体系。例如，招商银行近年来推出了“千鹰展翼”计划，借助招商集团银行、证券多牌照的优势，不仅提供创新的债权融资，还通过与 PE（私募股权投资。通过私募基金对非上市公司进行的权益性投资）和券商合作为创新型成长企业提供股权融资服务，形成债股联动的运作体系及间接融资与直接融资相匹配的金融服务架构，构建商业银行、私募股权投资基金、券商“三位一体”共同服务创新型成长企业的平台。

3.2.3 服务硬科技的导向更加鲜明

当前，全球总体处于旧技术周期的末尾阶段和新技术导入周期的前夕阶段，科技型企业简单模仿复制已知商业模式已经变得越来越难，例如国内 BAT（互联网公司三巨头，百度、阿里巴巴、腾讯）公司创设之初学习模仿美国谷歌、亚马逊等，而当前发达国家的重大创新也长时间陷入停滞状态。然而，孕育重大变革的新技术基础创新、硬件创新和迭代又在呈现加快趋势，硬科技和重资产的竞赛正在拉开众多科技型企业的档次和能级，未来的大国博弈必然是由硬核技术引领的科技博弈。所以，找到能够助力硬科技企业健康起步和持续发展的金融支持模式对每个国家来说都至关重要。与此同时，2018 年以来我国面临日渐严峻的科技封锁，尤其是人工智能、量子计算、生物技术、半导体等重要的硬科技领域。在此背景下，我国科创金融体系服务支持硬科技的导向变得更加鲜明。自设立科创板并试点注册制以来，一大批“硬科技”企业成功登陆股票市场。细数科创板上市公司的行业分布，新一代信息技术、生物医药和高端装备制造行业已在科创板初步形成产业集聚效应，总数量达到 311 家，占科创板上市公司总数的 78%。以中芯国际、沪硅产业等为代表，科创板吸引了一批极具“含科量”的硬科技企业，有效支持了一批“卡脖子”技术攻关领域的“硬科技”企业融资。

3.2.4 数字化科技的赋能不断深化

数字化时代的到来，为金融数字化带来重大机遇，数字化科技的赋能在科创金融体系中的作用也越来越重要。从政府层面来看，近年来，不少地方政府致力于开放数据端口，打通政府部门数据孤岛，通过统筹整合政务大数据信息，为区域内科创金融体系建设提供数据支撑。例如，2022 年 7 月中国人民银行发布的《中国区域金融运行报告（2022）》披露，我国数字金融基础设施建设取得新进展，已有广东、浙江、江西、广西、甘肃、青海、陕西、深圳等 10 多个省市陆续建立了地方征信平台，全国各地方征信平台共采集 8154 万户企业的 141 亿条信息，帮助 100.1 万户企业获得信贷 3.59 万亿元。从市场层面来看，数字技术的加速发展为金融机构科创金融服务打开全新空间。例如，建设银行近年来推出的“创业者港湾”品牌，首创“四位一体”指标评价体系，对科创型中小企业进行精准化画像，并通过 P 端（合作平台）批量化获客，经过 B 端（建设银行）专业化审批，联动 I 端（投资机构）构建投贷联动的风险补偿机制，为 C 端（科创型中小企业客户）提供综合化服务，形成了 PBIC 一体化服务模式，确保“精准滴灌”到“硬科技、高成长”科创型企业。

3.3 科创金融的评价要素

科创金融作为新概念、新事物，目前缺乏统一数据标准，数据可得性较差，同时科创金融与科技创新和金融实践的探索紧密相连，处于不断发展变化阶段。因此，对于科创金融评价将采用客观数据和调查问卷数据相结合的方式，梳理提炼评价要素，科学构建景气指数，更为立体、动态、前瞻地评估监测科创金融的运作活跃度和成效。具体而言，将从科创金融融资、科创金融投资、科技创新绩效、科技创新政策环境四个方面着手，提炼科创金融的评价要素。

3.3.1 科创金融融资情况

科创金融的融资情况，是科创金融运行核心的活动之一。目前，国内科创型企业的融资渠道主要包括小微企业贷款和风投创投、IPO 上市等直接融资，二者都可以通过普惠小微企业贷款余额占比、科创型企业直接融资增量这两个客观数据进行评价。但这两个数据只能反映科创金融融资当下的情况，而不能反映科创型企业的融资成本、融资意愿、融资难易程度等情况的趋势和动向。因此可以通过商情调查法，科学设计问卷，对相关科创型企业进行问卷调查和抽样评分。

3.3.2　科创金融投资情况

科创金融的投资情况，主要评价作为资金供给者对于科技创新活动的投资情况，主要包括政府部门的财政支出情况、科创型企业的研发支出情况、私募股权投资机构的投资情况等。政府部门的财政支出情况可以通过财政科技支出占比数据来体现，私募股权投资机构的投资情况可以用私募股权投资规模数据来体现；同时整个社会的研发投资支出，可以用R&D（科学研究与试验发展）投入强度数据来体现。但这些数据只能反映科创金融投资当下的情况，而不能反映科创型企业、私募股权投资机构扩大投资的意愿和动向。因此可以通过商情调查法，科学设计问卷，对相关科创型企业、私募股权投资机构进行问卷调查和抽样评分。

3.3.3　科技创新绩效情况

科技创新是科创金融体系服务的最终目标，也是科创金融体系服务运作的根本绩效。科创金融本身运行规模较大，不一定能代表科技创新的蓬勃发展，原因在于金融体系内有资金空转的可能，科技创新体系内有科创型企业的道德风险。因此，只有科技创新货真价实的成果，才是检验科创金融发展的试金石，具体包括基础研究的成果和科创型企业发展的成果。基础研究的成果可以用每万人SCI（世界著名的期刊文献检索工具）论文发表数据体现，应用基础研究则可以用每万人新增发明专利授权量来体现。科创型企业发展的成果则可用国家高新技术企业、“专精特新”企业、资本市场上市企业等企业的增量和企业规模来体现。但这些仅能反映科创型企业发现的现状，无法体现整体创新氛围，因此还可以采用商情调查法，科学设计问卷，对整体科技创新发展氛围进行问卷调查。

3.3.4 科技创新政策环境

正如本书第1章所说，科创金融具有政策与市场复合性特征，政府部门在科创金融体系建设中发挥着不可或缺的关键作用。首先是针对科创金融本身直接和间接的各类支持政策，可以从政策支持的力度大小、便利程度、可获得性等方面加以评价。其次是涉及科技创新的政策性金融供给，包括政府性融资担保、政府性引导基金、政策性科技保险等，这些是政府部门引导社会资本方向、分担社会资本风险的重要手段。最后是科创金融配套环境，包括整个城市的创新创业氛围和活力，科创金融相关的信用信息平台、各类创新载体发展情况等。整体而言，以上提到的各个评价要素除创新载体发展情况外，均可采用商情调查法，面向市场主体进行问卷调查。

评价篇

第 4 章　科创金融景气指数研究框架

4.1　研究背景

党的二十大报告提出，完善科技创新体系。坚持创新在我国现代化建设全局中的核心地位。强化国家战略科技力量，提升国家创新体系整体效能，形成具有全球竞争力的开放创新生态。科技创新离不开金融的强力支持，引导金融资源向科创领域配置、促进科创与金融融合发展，是激发创新活力、增强创新动力的根本要求。

2021 年 11 月，国务院批复了《山东省济南市建设科创金融改革试验区总体方案》，济南成为全国首个科创金融改革试验区。一年后，中国人民银行等八部委再次印发了有关科创金融改革试点的方案，将上海市、南京市、杭州市、合肥市和嘉兴市纳入第二批科创金融改革试验区建设。科创金融改革试验区在建设伊始，就肩负起了为全社会探索金融支持科技创新和服务实体经济可复制可推广经验的重大使命。为此，相关试点方案均提出了探索开展科创金融统计，定期开展统计评估工作，全面、准确反映试验区建设进展和成效的相关保障要求。

在此背景下，中国城市科创金融指数应运而生。通过运用产业经济学、产业金融、竞争力评价等最新理论，结合国内科创金融行业发展特点，中国城市科创金融指数构建了一套能对我国重要城市科创金融发展动态变化情况进行科学、全面的衡量，前瞻性反映地方科创金融改革发展成效的评价体系，希望能成为反映我国科创金融发展趋势的晴雨表、国家和地方制定相关政策的风向标、企业投资决策的参照系，为我国科创金融改革试验大业提供绵薄助力。

4.2 评价方法

指数是一种分析事物现象数量变动或差异变化的重要统计方法，可以综合说明复杂的事物现象变动的趋势规律、影响因素以及引起变动的本质原因。利用指数研究因素众多、过程复杂、影响多变的社会经济现象，对透过事物现象理解本质规律具有很好的统计解释作用。

科创金融以服务科创产业、助力实体经济发展为根本要求，其发展特征既蕴含科创及金融产业属性，也包含科技创新与金融赋能过程中相互作用激发的新特点。科创金融领域的兴衰发展是通过一系列产业经济活动来传递和扩散的，任何一个经济变量本身的变化特征不足以代表整个领域发展变化的特征，必须综合考虑科创与金融相关联领域的变动特征和相互影响特点。基于这样的特性，选择采用景气指数的编制方法来综合观察评价科创金融的动态特征是更为契合的。

景气是一个用来定义说明经济活动活跃水平的概念，一般把经济活动处于上升繁荣趋势的状态定义为景气，把经济活动处于下行低迷趋势的状态定义为不景气。景气指数又称为景气度评价，是综合反映某一社会经济现象所处状态或发展趋势的评价体系。景气指数具备时效性强、准确性和预期性等功能优点，目前已经广泛用于宏观经济、专业行业等领域的监测预警分析，常用的景气指数编制方法有合成指数编制方法、扩散指数编制方法、主成分分析方法等。

4.3 评价体系

中国城市科创金融指数根据经济周期波动理论和景气指数原理，围绕我国科创金融发展特点，按照全面性、前瞻性、数据可得性、层次性等原则，从科创金融融资、科创金融投资、科创金融绩效和科创金融政策四个维度构建相应评价指标体系。经过多重筛选检验，最终设置了 28 项评价指标（含 12 项客观统计指标和 16 项主观评分指标），见表 4. 3. 1。

其中，主观评分指标采用问卷抽样评分的方法获得，问卷内容和题项设计采用国际通行的商情调查法，针对科创型企业和金融中介服务机构两类群体设置指标体系相关的问卷内容。

表 4. 3. 1　中国城市科创金融指数评价指标体系

	一级指标	二级指标	数据来源
中国城市科创金融指数	科创金融融资景气度	普惠小微企业贷款余额占本外币贷款比重	行业公开统计数据
		每亿元 GDP 科创型企业直接融资增量	行业公开统计数据
		科创型企业当前融资便利度	问卷抽样评分
		科创型企业当前融资成本优化度	问卷抽样评分
		金融机构专项科创融资供给丰富度	问卷抽样评分
		科创型企业未来扩大融资意愿	问卷抽样评分
	科创金融投资景气度	全社会研发投入强度	行业公开统计数据
		科创型企业研发投入扩大意愿	问卷抽样评分
		科创型企业投资扩大意愿	问卷抽样评分
		私募股权投资规模与 GDP 之比	行业公开统计数据
		私募股权投资需求扩张趋势	问卷抽样评分
		财政科技支出占比	行业公开统计数据
	科创金融绩效景气度	本地科创产业整体发展评价	问卷抽样评分
		本地科创产业发展潜力评价	问卷抽样评分
		每亿元国家高新技术企业数	行业公开统计数据
		每百亿元专精特新“小巨人”企业数	行业公开统计数据
		每千亿元上市科创型企业数	行业公开统计数据
		上市科创型企业总市值与 GDP 之比	行业公开统计数据
		每万人 SCI 论文发表数	SCI 索引查询
		每万人新增发明专利授权量	国家知识产权局

续表

	一级指标	二级指标	数据来源
中国城市科创金融指数	科创金融政策景气度	科创金融政策支持力度	问卷抽样评分
		政府引导基金发展评估	问卷抽样评分
		获得政府性融资担保服务情况	问卷抽样评分
		科技保险渗透情况	问卷抽样评分
		综合金融服务平台发展情况	问卷抽样评分
		每百万人拥有国家级创新载体数量	科技部
		本地科创金融创新氛围	问卷抽样评分
		本地科创金融发展潜力	问卷抽样评分

4.4 指数计算

1. 问卷数据处理

根据问题设置的选项，按照越积极的选项对应的分值越高原则对选项赋值，即很好（提高）=1、不变（相同）=0、变差（下降）= -1，对每一个问题计算出最终分值。计算公式如下所示：

$$X_i = \sum (P_{ij} \times \text{选项分值}) \times 100 + \text{基数分}$$

其中，X_i 代表第 i 个问题的分值，P_{ij} 代表第 i 个问题第 j 个选项的比例，基数分取 100。

最终每个主观问卷评分指标计算得到的评分结果在 0 ~ 200，100 为中性值。

2. 指标赋权

评价体系指标赋权基于层次分析法原理，通过专家打分的形式逐级分层确定各级指标权重（见表 4.4.1）。同时，研究过程中将分析对比指数结果平稳性和显著性，根据专家反馈意见适当优化形成最终赋权方案。

表 4.4.1　中国城市科创金融指数指标权重分配

一级指标	二级指标	指标权重（%）
科创金融融资景气度	普惠小微企业贷款余额占本外币贷款比重	6.25
	每亿元 GDP 科创型企业直接融资增量	6.25
	科创型企业当前融资便利度	2.50
	科创型企业当前融资成本优化度	2.50
	金融机构专项科创融资供给丰富度	2.50
	科创型企业未来扩大融资意愿	2.50
科创金融投资景气度	全社会研发投入强度	6.25
	科创型企业研发投入扩大意愿	2.50
	科创型企业投资扩大意愿	3.75
	私募股权投资规模与 GDP 之比	2.50
	私募股权投资需求扩张趋势	3.75
	财政科技支出占比	6.25
科创金融绩效景气度	本地科创产业整体发展评价	2.50
	本地科创产业发展潜力评价	2.50
	每亿元国家高新技术企业数	2.50
	每百亿元专精特新“小巨人”企业数	3.75
	每千亿元上市科创型企业数	3.75
	上市科创型企业总市值与 GDP 之比	2.50
	每万人 SCI 论文发表数	3.75
	每万人新增发明专利授权量	3.75
科创金融政策景气度	科创金融政策支持力度	5.00
	政府引导基金发展评估	2.50
	获得政府性融资担保服务情况	2.50
	科技保险渗透情况	2.50
	综合金融服务平台发展情况	2.50
	每百万人拥有国家级创新载体数量	2.50
	本地科创金融创新氛围	3.75
	本地科创金融发展潜力	3.75

3. 合成指数计算方法

采用国际最常用的合成指数计算方法，即美国商务部的计算方式，计算过程主要可以分解为以下四个步骤：

第一步：求各个序列指标的对称变化率并将其标准化。

令 $Y_{ij}(t)$ 为第 j 指标组（$j=1$，2，3 分别代表先行、一致、滞后指标组）的第 i 个指标（$i=1$，2，…，k_j），对 $Y_{ij}(t)$ 求对称变化率的计算公式为：

$$C_{ij}(t)=\frac{Y_{ij}(t)-Y_{ij}(t-1)}{Y_{ij}(t)+Y_{ij}(t-1)}\times 200$$

$$t=2,3,\cdots,n$$

当 $Y_{ij}(t)$ 有零或负值时，或者指标是比率序列时，取一阶差分：

$$C_{ij}(t)=Y_{ij}(t)-Y_{ij}(t-1)$$

$$t=2,3,\cdots,n$$

为避免变动幅度大的指标在合成指数中取得支配地位，对各指标项进行标准化，使其平均绝对值等于1，标准变化率计算公式为：

$$S_{ij}(t)=\frac{C_{ij}(t)}{A_{ij}},A_{ij}=\sum_{t=2}^{n}\frac{|C_{ij}(t)|}{(n-1)}$$

$$t=2,3,\cdots,n$$

第二步：求各指标组的标准化平均变化率。

$$R_j(t)=\frac{\sum_{i=1}^{k}S_{ij}(t)W_{ij}}{\sum_{i=1}^{k}|W_{ij}|}$$

$$t=2,3,\cdots,n$$

W_{ij}是第 j 组第 i 个指标的权重。

$$V_j(t)=\frac{R_j(t)}{F_j},F_j=\frac{\sum_{t=2}^{n}|R_j(t)|}{\sum_{t=2}^{n}|R_2(t)|}$$

$$t=2,3,\cdots,n$$

F_j 是指数标准化因子，$V_j(t)$ 是标准化平均变化率。

第三步：计算初始合成指数。

$$I_j(t) = I_j(t-1) \times \frac{200 + V_j(t)}{200 - V_j(t)}$$

$$t = 2, 3, \cdots, n$$

令 $I_j(1) = 100$。

第四步：趋势调整并计算合成指数。

在初始合成指数基础上，对先行、一致和滞后三个指标组的标准化平均变化率 $V_j(t)$ 进行趋势调整，使三个指标组得到的合成指数趋势与计算一致指标组中采用的序列的趋势平均值一致。

$$CI(t) = \frac{I(t)}{I'} \times 100$$

计算结果最终合成的景气指数得分在 0～200，100 为景气指数的临界值；当景气指数大于 100 时，属于景气状态，表明科创金融发展趋于扩张活跃；当景气指数小于 100 时，属于不景气状态，表明科创金融发展趋于收缩低迷。

4. 基期选择

合成指数的基准年份定为 2019 年，因为这是科创板设立后完整运行一个年度的年份，也是未受三年“新冠”疫情影响的完整年份，彼时科创金融行业整体运行相对稳定，具有较好的参照意义。

同时，以 2019 年 36 个样本城市各项指标的均值作为基准值，使得最终指数结果具备横向比较的基础。

4.5　样本范围

指数评价样本城市首选国内具备较强金融产业发展基础的城市，参考中国金融中心指数①相关研究成果，选取国内 36 个金融中心城市作为首期中国城市科创金融指数的样本城市（不含港澳台地区城市）。具体城市名单和布局

① 中国金融中心指数（China Financial Center Index，CFCI）是一项长期跟踪国内主要金融中心发展状况和评价金融中心竞争力的研究，旨在为社会各界提供我国金融中心建设的前沿观察窗口，为相关决策部门提供地方金融发展政策优化的参考依据。首期 CFCI 于 2009 年发布，其后每年更新一次，已经连续发布 14 期。

情况如下所示①：

（1）东北区域，4 个样本城市分别是大连、沈阳、长春和哈尔滨；

（2）北部沿海区域，5 个样本城市分别是北京、天津、济南、青岛和石家庄；

（3）东部沿海区域，7 个样本城市分别是上海、杭州、南京、苏州、宁波、无锡和温州；

（4）南部沿海区域，5 个样本城市分别是广州、深圳、厦门、福州和海口；

（5）中部区域，7 个样本城市分别是武汉、长沙、郑州、合肥、南昌、太原和呼和浩特；

（6）西部区域，8 个样本城市分别是成都、重庆、西安、昆明、南宁、乌鲁木齐、贵阳和兰州。

---

① 根据国务院发展研究中心发展战略和区域经济研究部的课题报告《中国（大陆）区域社会经济发展特征分析》提出的划分中国（大陆）区域的新方法，分为六大区域。

第5章　中国城市科创金融景气度评价

5.1　科创金融综合景气度排行榜

首期中国城市科创金融指数综合景气度排名依次是深圳、北京、杭州、苏州、上海、南京、广州、西安、武汉、济南、宁波、青岛、无锡、厦门、成都、长沙、天津、合肥、沈阳、福州、哈尔滨、温州、郑州、长春、兰州、昆明、大连、石家庄、太原、贵阳、南昌、重庆、乌鲁木齐、海口、呼和浩特、南宁（见表5.1.1、图5.1.1）。

表5.1.1　中国金融中心城市科创金融综合景气度得分及排名

城市	综合景气度		融资景气度		投资景气度		绩效景气度		政策景气度	
	得分	排名	得分	排名	得分	排名	得分	排名	得分	排名
深圳	120.72	1	108.87	3	129.42	1	132.97	2	111.63	1
北京	118.44	2	107.17	5	123.88	2	134.49	1	108.25	7
杭州	112.00	3	112.54	2	106.52	6	118.69	4	110.26	5
苏州	111.46	4	117.04	1	111.82	4	106.55	11	110.45	3
上海	110.60	5	104.46	6	110.79	5	123.72	3	103.44	14
南京	109.18	6	94.09	10	117.05	3	114.97	6	110.61	2
广州	104.00	7	97.02	9	101.62	15	109.37	9	107.99	8
西安	102.94	8	89.65	14	105.26	9	115.08	5	101.76	18

续表

城市	综合景气度		融资景气度		投资景气度		绩效景气度		政策景气度	
	得分	排名	得分	排名	得分	排名	得分	排名	得分	排名
武汉	102.39	9	90.44	13	102.33	14	110.02	8	106.75	10
济南	102.37	10	101.11	8	105.18	10	92.92	17	110.28	4
宁波	101.09	11	103.68	7	104.60	11	94.68	16	101.40	19
青岛	100.03	12	92.77	12	103.42	12	95.33	15	108.62	6
无锡	99.74	13	108.74	4	106.14	8	83.95	22	100.11	22
厦门	95.54	14	68.55	24	101.48	16	113.13	7	98.98	27
成都	94.84	15	77.69	19	103.07	13	98.76	14	99.82	25
长沙	94.52	16	82.34	17	90.16	20	106.85	10	98.72	29
天津	94.42	17	84.18	16	95.77	17	91.94	18	105.78	11
合肥	93.29	18	65.07	27	106.51	7	99.40	13	102.19	17
沈阳	91.66	19	77.10	20	87.53	25	100.70	12	101.30	21
福州	91.36	20	93.37	11	86.89	27	87.32	20	97.85	31
哈尔滨	87.84	21	85.25	15	88.49	24	78.33	26	99.29	26
温州	85.42	22	80.61	18	86.32	28	75.84	29	98.90	28
郑州	83.14	23	72.19	22	88.51	23	80.53	23	91.34	35
长春	82.98	24	53.18	35	87.06	26	86.63	21	105.07	13
兰州	82.75	25	69.20	23	81.39	32	80.34	24	100.09	23
昆明	82.75	26	53.51	34	80.24	34	90.35	19	106.90	9
大连	82.13	27	54.66	33	94.36	18	78.17	27	101.35	20
石家庄	81.86	28	75.00	21	81.61	31	70.91	31	99.92	24
太原	81.02	29	56.41	31	89.21	21	75.20	30	103.24	15
贵阳	80.12	30	59.62	28	88.66	22	66.62	32	105.57	12
南昌	77.08	31	65.85	26	91.57	19	48.63	36	102.28	16
重庆	76.53	32	67.28	25	81.80	30	62.22	33	94.83	33
乌鲁木齐	76.15	33	58.84	30	72.61	36	77.02	28	96.11	32
海口	74.29	34	47.50	36	81.09	33	78.92	25	89.65	36
呼和浩特	73.44	35	55.45	32	85.56	29	54.79	34	97.98	30
南宁	70.90	36	59.34	29	78.95	35	50.93	35	94.39	34

注：兰州“综合景气度”项的得分为82.7548，昆明“综合景气度”项的得分为82.7479，这里四舍五入，两个得分均分82.75。

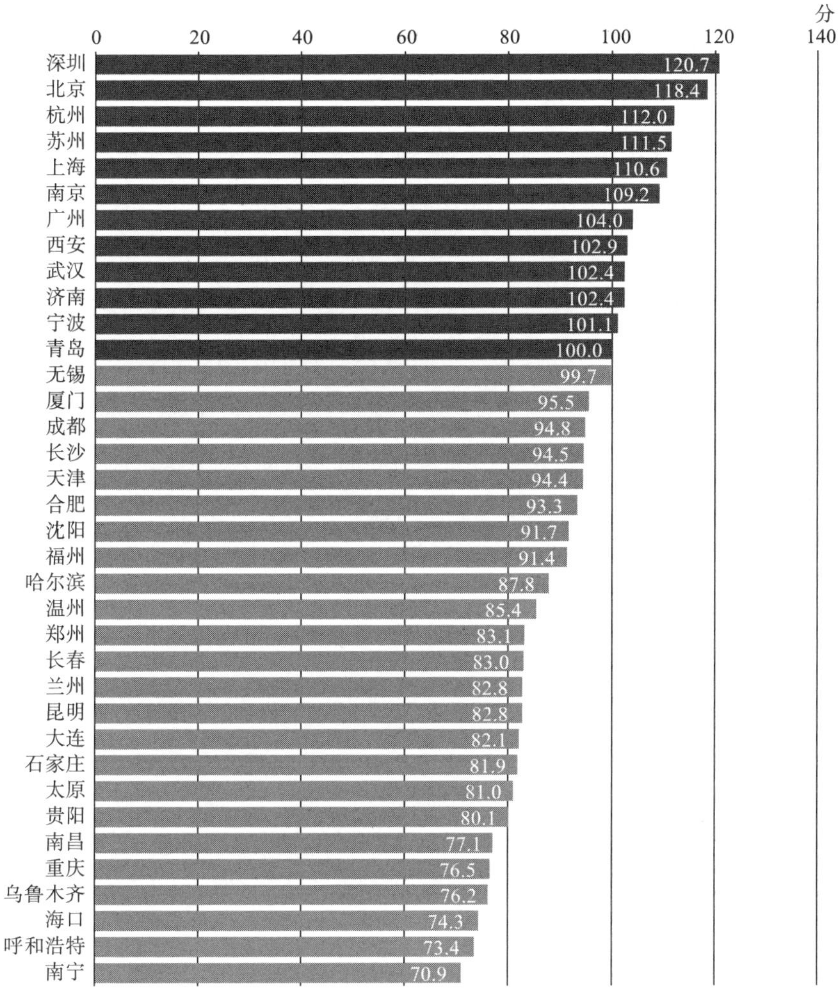

图 5.1.1 中国金融中心城市科创金融综合景气度得分

在36个金融中心城市中，科创金融综合景气度评估处于景气状态（评分高于100）的城市共计12个。其中，处于中度景气状态（评分高于120低于150）的城市共计1个，即深圳；处于低度景气状态（评分高于100低于120）的城市共计11个，分别为北京、杭州、苏州、上海、南京、广州、西安、武汉、济南、宁波、青岛。

在36个金融中心城市中，科创金融综合景气度评估处于不景气状态（评分低于100）的城市共计24个。其中，处于低度不景气状态（评分高于80低于 100）的城市共计 18 个，分别为无锡、厦门、成都、长沙、天津、合肥、沈阳、福州、哈尔滨、温州、郑州、长春、兰州、昆明、大连、石家庄、太原、贵阳；处于中度不景气状态（评分高于 50 低于 80）的城市共计 6 个，分别为南昌、重庆、乌鲁木齐、海口、呼和浩特、南宁（见表 5.1.2）。

在 36 个金融中心城市中，科创金融综合景气度分布相对均衡，得分差距并不显著，15 个城市位于景气度（评分 100）±10% 区间，30 个城市位于（评分 100）±20% 区间。科创金融综合景气度排名第 1 位的深圳得 120.72 分，排名第 36 位的南宁得 70.90 分，前者是后者的 1.703 倍。

在 36 个金融中心城市中，东部沿海地区的科创金融综合景气度相对较高。其中，长三角城市群进入前十的城市数量最多，共有杭州、上海、苏州、南京 4 个城市；粤港澳大湾区进入前十的城市数量次之，共有深圳、广州两个城市；中部地区仅武汉、西部地区仅西安进入前十，而东北地区仅沈阳进入前二十，仍有较大提升空间。

在国务院批准建设全国科创金融改革试验区两批 6 个城市中，杭州、上海、南京、济南 4 个城市均入选榜单排名前十，合肥排名全国第 18 位，嘉兴暂未纳入本期样本研究范围；已申请或有意向申请全国科创金融改革试验区城市中，深圳、北京、西安等表现相对较好。

表 5.1.2　中国金融中心城市科创金融综合景气度评估状态

<table>
<tr><th colspan="2">状态</th><th>城市</th></tr>
<tr><td rowspan="3">景气状态
（评分高于 100）</td><td>高度
（评分高于 150）</td><td>无</td></tr>
<tr><td>中度
（评分高于 120 低于 150）</td><td>深圳</td></tr>
<tr><td>低度
（评分高于 100 低于 120）</td><td>北京、杭州、苏州、上海、南京、广州、西安、武汉、济南、宁波、青岛</td></tr>
<tr><td rowspan="3">不景气状态
（评分低于 100）</td><td>低度
（评分高于 80 低于 100）</td><td>无锡、厦门、成都、长沙、天津、合肥、沈阳、福州、哈尔滨、温州、郑州、长春、兰州、昆明、大连、石家庄、太原、贵阳</td></tr>
<tr><td>中度
（评分高于 50 低于 80）</td><td>南昌、重庆、乌鲁木齐、海口、呼和浩特、南宁</td></tr>
<tr><td>高度
（评分低于 50）</td><td>无</td></tr>
</table>

5.2　科创金融融资景气度排行榜

首期中国城市科创金融融资景气度排名依次是苏州、杭州、深圳、无锡、北京、上海、宁波、济南、广州、南京、福州、青岛、武汉、西安、哈尔滨、天津、长沙、温州、成都、沈阳、石家庄、郑州、兰州、厦门、重庆、南昌、合肥、贵阳、南宁、乌鲁木齐、太原、呼和浩特、大连、昆明、长春、海口（见图 5.2.1）。

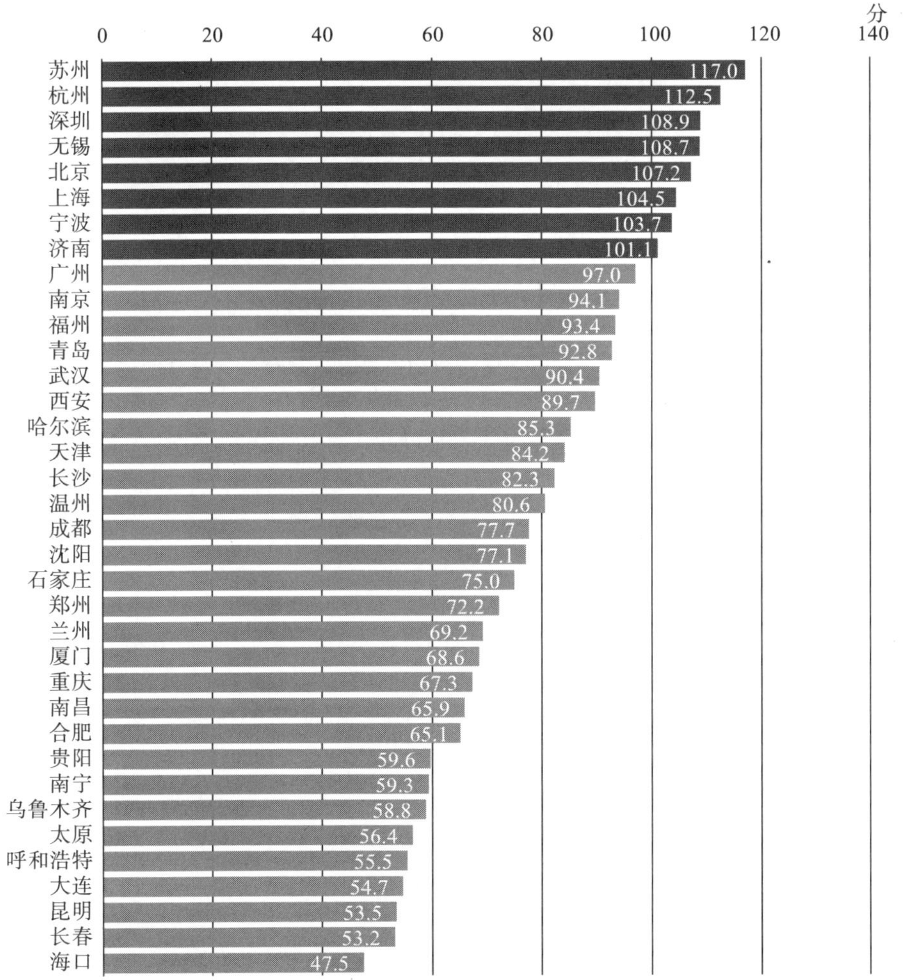

图 5.2.1　中国金融中心城市科创金融融资景气度得分

在36个金融中心城市中，科创金融融资景气度评估处于景气状态（评分高于100）的城市共计8个，全部处于低度景气状态（评分高于100低于120），分别为苏州、杭州、深圳、无锡、北京、上海、宁波、济南。

在36个金融中心城市中，科创金融融资景气度评估处于不景气状态（评分低于100）的城市共计28个。其中，处于低度不景气状态（评分高于80低于100）的城市共计10个，分别为广州、南京、福州、青岛、武汉、西安、哈尔滨、天津、长沙、温州；处于中度不景气状态（评分高于50低于80）的城市共计17个，分别为成都、沈阳、石家庄、郑州、兰州、厦门、重庆、南昌、合肥、贵阳、南宁、乌鲁木齐、太原、呼和浩特、大连、昆明、长春；处于高度不景气状态的城市（评分低于50）的城市共计1个，即海口（见表5.2.1）。

在36个金融中心城市中，科创金融融资景气度得分差距明显，11个城市位于景气度（评分100）±10%区间，18个城市位于景气度（评分100）±20%区间。科创金融融资景气度排名第1位的苏州得117.04分，排名第36位的海口得47.50分，前者是后者的2.464倍。

表5.2.1 中国金融中心城市科创金融融资景气度评估状态

状态		城市
景气状态（评分高于100）	高度（评分高于150）	无
	中度（评分高于120低于150）	无
	低度（评分高于100低于120）	苏州、杭州、深圳、无锡、北京、上海、宁波、济南
不景气状态（评分低于100）	低度（评分高于80低于100）	广州、南京、福州、青岛、武汉、西安、哈尔滨、天津、长沙、温州
	中度（评分高于50低于80）	成都、沈阳、石家庄、郑州、兰州、厦门、重庆、南昌、合肥、贵阳、南宁、乌鲁木齐、太原、呼和浩特、大连、昆明、长春
	高度（评分低于50）	海口

5.3　科创金融投资景气度排行榜

首期中国城市科创金融投资景气度排名依次是深圳、北京、南京、苏州、上海、杭州、合肥、无锡、西安、济南、宁波、青岛、成都、武汉、广州、厦门、天津、大连、南昌、长沙、太原、贵阳、郑州、哈尔滨、沈阳、长春、福州、温州、呼和浩特、重庆、石家庄、兰州、海口、昆明、南宁、乌鲁木齐（见图 5.3.1）。

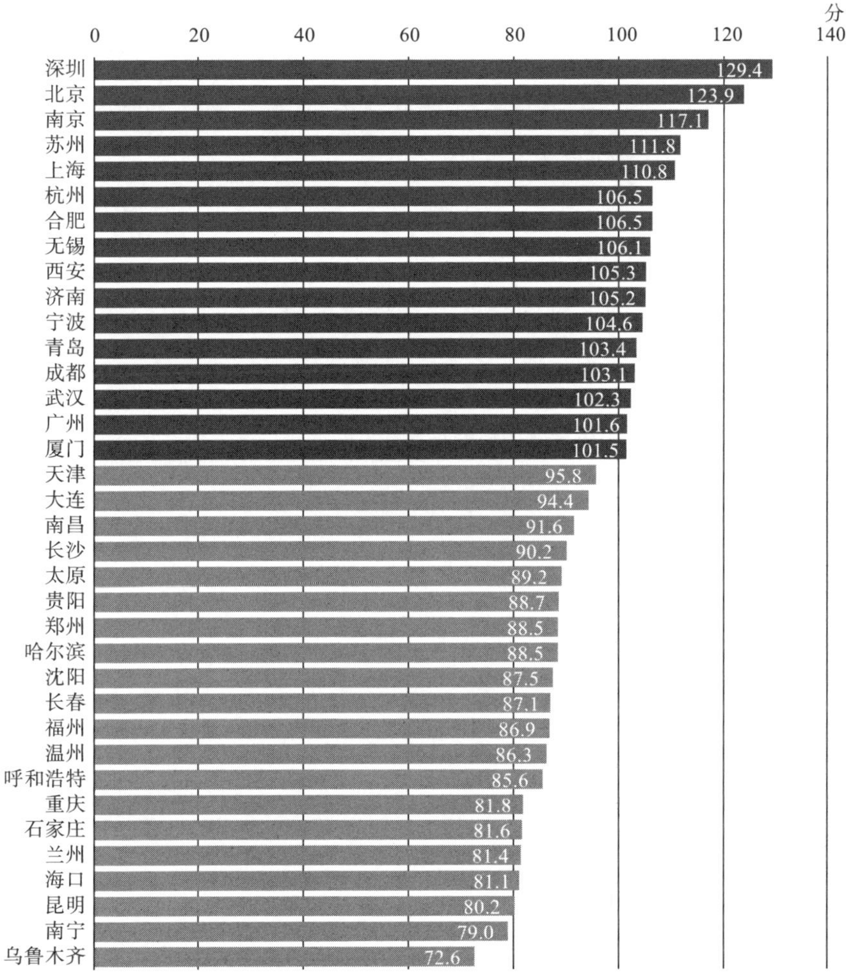

图 5.3.1　中国金融中心城市科创金融投资景气度得分

在36个金融中心城市中，科创金融投资景气度评估处于景气状态（评分高于100）的城市共计16个。其中，处于中度景气状态（评分高于120低于150）的城市共计两个，分别为深圳、北京；处于低度景气状态（评分高于100低于120）的城市共计14个，分别为南京、苏州、上海、杭州、合肥、无锡、西安、济南、宁波、青岛、成都、武汉、广州、厦门。

在36个金融中心城市中，科创金融投资景气度评估处于不景气状态（评分低于100）的城市共计20个。其中，处于低度不景气状态（评分高于80低于100）的城市共计18个，分别为天津、大连、南昌、长沙、太原、贵阳、郑州、哈尔滨、沈阳、长春、福州、温州、呼和浩特、重庆、石家庄、兰州、海口、昆明；处于中度不景气状态（评分高于50低于80）的城市共计两个，分别为南宁、乌鲁木齐（见表5.3.1）。

在36个金融中心城市中，科创金融投资景气度分布相对均衡，得分差距并不显著，16个城市位于景气度（评分100）±10%区间，32个城市位于（评分100）±20%区间。科创金融投资景气度排名第1位的深圳得129.42分，排名第36位的乌鲁木齐得72.61分，前者是后者的1.782倍。

表5.3.1　中国金融中心城市科创金融投资景气度评估状态

<table>
<tr><th colspan="2">状态</th><th>城市</th></tr>
<tr><td rowspan="3">景气状态
（评分高于100）</td><td>高度
（评分高于150）</td><td>无</td></tr>
<tr><td>中度
（评分高于120低于150）</td><td>深圳、北京</td></tr>
<tr><td>低度
（评分高于100低于120）</td><td>南京、苏州、上海、杭州、合肥、无锡、西安、济南、宁波、青岛、成都、武汉、广州、厦门</td></tr>
<tr><td rowspan="3">不景气状态
（评分低于100）</td><td>低度
（评分高于80低于100）</td><td>天津、大连、南昌、长沙、太原、贵阳、郑州、哈尔滨、沈阳、长春、福州、温州、呼和浩特、重庆、石家庄、兰州、海口、昆明</td></tr>
<tr><td>中度
（评分高于50低于80）</td><td>南宁、乌鲁木齐</td></tr>
<tr><td>高度
（评分低于50）</td><td>无</td></tr>
</table>

5.4　科创金融绩效景气度排行榜

首期中国城市科创金融绩效景气度排名依次是北京、深圳、上海、杭州、西安、南京、厦门、武汉、广州、长沙、苏州、沈阳、合肥、成都、青岛、宁波、济南、天津、昆明、福州、长春、无锡、郑州、兰州、海口、哈尔滨、大连、乌鲁木齐、温州、太原、石家庄、贵阳、重庆、呼和浩特、南宁、南昌（见图5.4.1）。

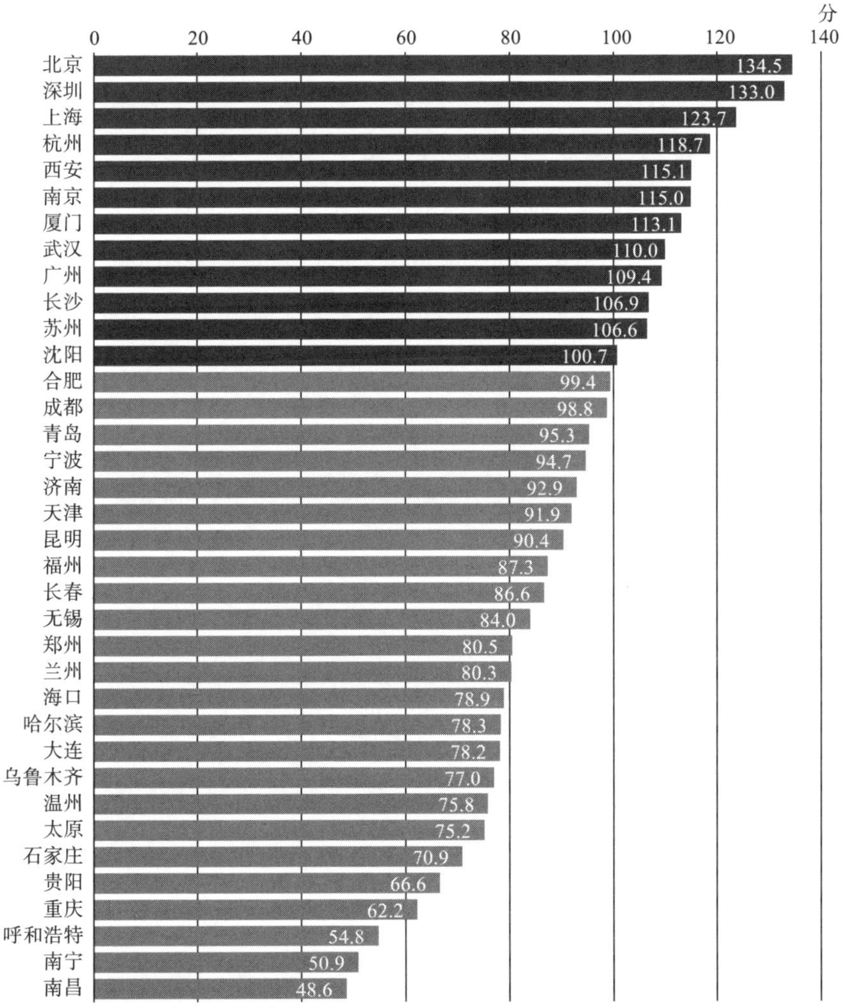

图5.4.1　中国金融中心城市科创金融绩效景气度得分

在36个金融中心城市中，科创金融绩效景气度评估处于景气状态（评分高于100）的城市共计12个。其中，处于中度景气状态（评分高于120低于150）的城市共计3个，分别为北京、深圳、上海；处于低度景气状态（评分高于100低于120）的城市共计9个，分别为杭州、西安、南京、厦门、武汉、广州、长沙、苏州、沈阳。

在36个金融中心城市中，科创金融绩效景气度评估处于不景气状态（评分低于100）的城市共计24个。其中，处于低度不景气状态（评分高于80低于100）的城市共计12个，分别为合肥、成都、青岛、宁波、济南、天津、昆明、福州、长春、无锡、郑州、兰州；处于中度不景气状态（评分高于50低于80）的城市共计11个，分别为海口、哈尔滨、大连、乌鲁木齐、温州、太原、石家庄、贵阳、重庆、呼和浩特、南宁；处于高度不景气状态（评分低于50）的城市共计1个，即南昌（见表5.4.1）。

在36个金融中心城市中，科创金融绩效景气度得分差距较为明显，11个城市位于景气度（评分100）±10%区间，21个城市位于（评分100）±20%区间。科创金融绩效景气度排名第1位的北京得134.49分，排名第36位的南昌得48.63分，前者是后者的2.766倍。

表5.4.1　中国金融中心城市科创金融绩效景气度评估状态

状态		城市
景气状态（评分高于100）	高度（评分高于150）	无
	中度（评分高于120低于150）	北京、深圳、上海
	低度（评分高于100低于120）	杭州、西安、南京、厦门、武汉、广州、长沙、苏州、沈阳

续表

状态		城市
不景气状态（评分低于100）	低度（评分高于80低于100）	合肥、成都、青岛、宁波、济南、天津、昆明、福州、长春、无锡、郑州、兰州
	中度（评分高于50低于80）	海口、哈尔滨、大连、乌鲁木齐、温州、太原、石家庄、贵阳、重庆、呼和浩特、南宁
	高度（评分低于50）	南昌

5.5　科创金融政策景气度排行榜

首期中国城市科创金融政策景气度排名依次是深圳、南京、苏州、济南、杭州、青岛、北京、广州、昆明、武汉、天津、贵阳、长春、上海、太原、南昌、合肥、西安、宁波、大连、沈阳、无锡、兰州、石家庄、成都、哈尔滨、厦门、温州、长沙、呼和浩特、福州、乌鲁木齐、重庆、南宁、郑州、海口（见图5.5.1）。

在36个金融中心城市中，科创金融政策景气度评估处于景气状态（评分高于100）的城市共计23个。全部处于低度景气状态（评分高于100低于120），分别为深圳、南京、苏州、济南、杭州、青岛、北京、广州、昆明、武汉、天津、贵阳、长春、上海、太原、南昌、合肥、西安、宁波、大连、沈阳、无锡、兰州。

在36个金融中心城市中，科创金融政策景气度评估处于不景气状态（评分低于100）的城市共计13个。全部处于低度不景气状态（评分高于80低于100），分别为石家庄、成都、哈尔滨、厦门、温州、长沙、呼和浩特、福州、乌鲁木齐、重庆、南宁、郑州、海口（见表5.5.1）。

在36个金融中心城市中，科创金融政策景气度分布相对均衡，得分差距并不显著，30个城市位于景气度（评分100）±10%区间，36个城市位于

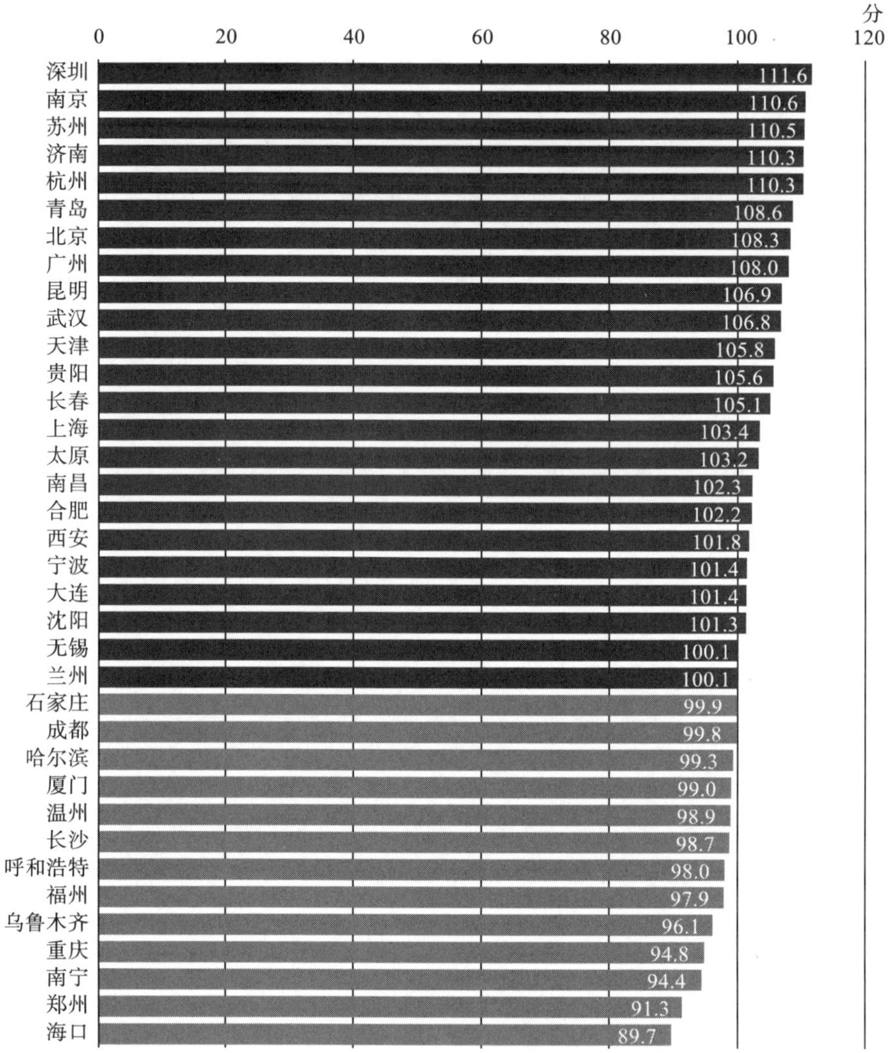

图 5.5.1　中国金融中心城市科创金融政策景气度得分

（评分 100）±20% 区间。科创金融政策景气度排名第 1 位的深圳得 111.63 分，排名第 36 位的海口得 89.65 分，两者相差仅 1.245 倍。

表 5.5.1　中国金融中心城市科创金融政策景气度评估状态

<table>
<tr><th colspan="2">状态</th><th>城市</th></tr>
<tr><td rowspan="3">景气状态
（评分高于 100）</td><td>高度
（评分高于 150）</td><td>无</td></tr>
<tr><td>中度
（评分高于 120 低于 150）</td><td>无</td></tr>
<tr><td>低度
（评分高于 100 低于 120）</td><td>深圳、南京、苏州、济南、杭州、青岛、北京、广州、昆明、武汉、天津、贵阳、长春、上海、太原、南昌、合肥、西安、宁波、大连、沈阳、无锡、兰州</td></tr>
<tr><td rowspan="3">不景气状态
（评分低于 100）</td><td>低度
（评分高于 80 低于 100）</td><td>石家庄、成都、哈尔滨、厦门、温州、长沙、呼和浩特、福州、乌鲁木齐、重庆、南宁、郑州、海口</td></tr>
<tr><td>中度
（评分高于 50 低于 80）</td><td>无</td></tr>
<tr><td>高度
（评分低于 50）</td><td>无</td></tr>
</table>

第 6 章　科创金融融资景气度分析

科创金融融资景气水平是对本地相关科创金融关联主体参与融资活动的积极性和活跃度的整体评估，可以反映一段时期地方科创型企业融资需求状况和金融机构面向科创型企业融资服务需求的支持水平。该分项评价指数由 6 项指标构成，其中两项客观指标分别是普惠小微企业贷款余额占本外币贷款比重、每亿元 GDP 科创型企业直接融资增量，4 项主观评分指标分别是科创型企业当前融资便利度、科创型企业当前融资成本优化度、金融机构专项科创融资供给丰富度和科创型企业未来扩大融资意愿。

6.1　普惠小微企业贷款余额分析

由于目前国内暂无官方公布科创型企业贷款相关统计数据，本书暂只能通过“普惠小微企业贷款余额”这一指标来间接一窥国内 36 个金融中心城市的科创型企业贷款情况。整体来看，2021 年我国对普惠小微企业的贷款支持呈景气上升状态，全国普惠小微企业贷款余额较上年提升 25.69%，维持较好的增长势头。36 个金融中心城市中，有 33 个城市的普惠小微企业贷款余额占本外币贷款比重较上年实现了提升，仅 3 个城市的普惠小微企业贷款余额占本外币贷款比重维持不变或降低。

2021 年普惠小微企业贷款余额占本外币贷款比重较高的前十城市依次是温州、厦门、深圳、宁波、杭州、无锡、福州、苏州、合肥和兰州。其中，

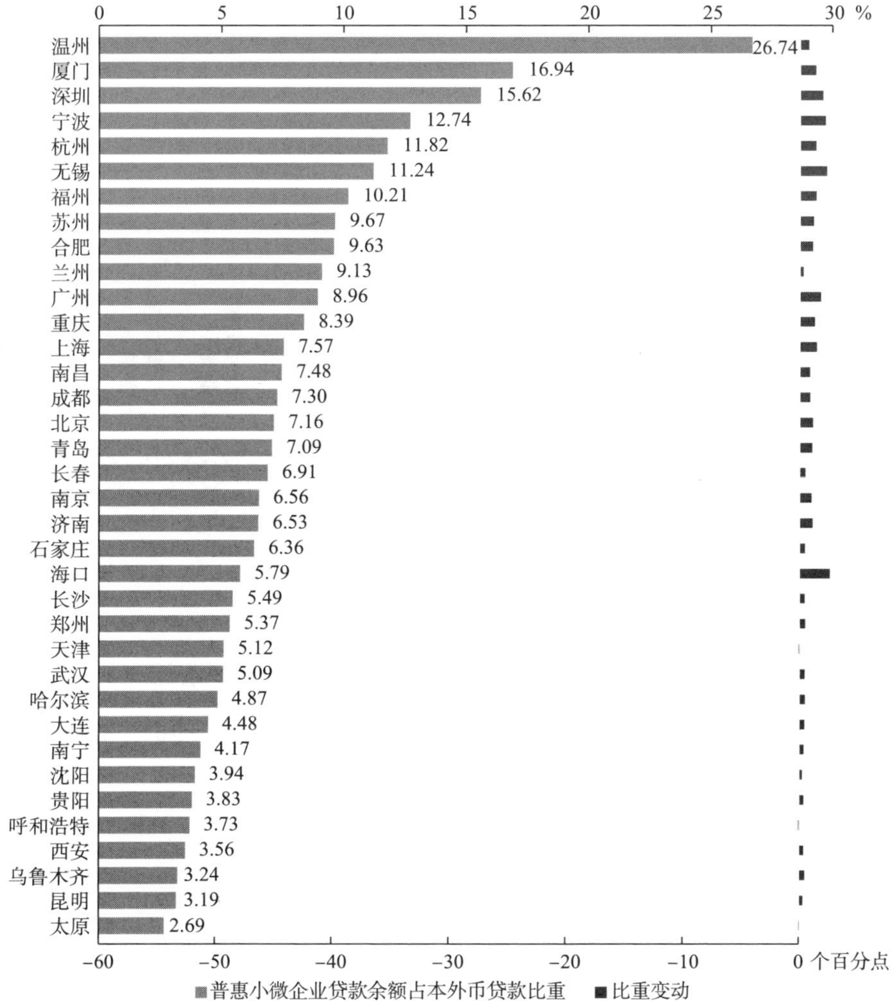

图 6.1.1　金融中心城市普惠小微企业贷款余额占本外币贷款比重排行

温州是唯一的普惠小微企业贷款余额占本外币贷款比重超过 25% 的金融中心城市，比重高出同期全国水平 2.6 倍；厦门和深圳仅次于温州，普惠小微企业贷款余额占本外币贷款比重均超过了 15%（见图 6.1.1）。

2021 年，36 个金融中心城市的普惠小微企业贷款余额总规模达到了 90565 亿元，约占当年全国总量的 47.1%。其中，规模较大的前十城市分别是深圳、上海、杭州、北京、广州、温州、苏州、重庆、宁波和成都，全年新增规模均

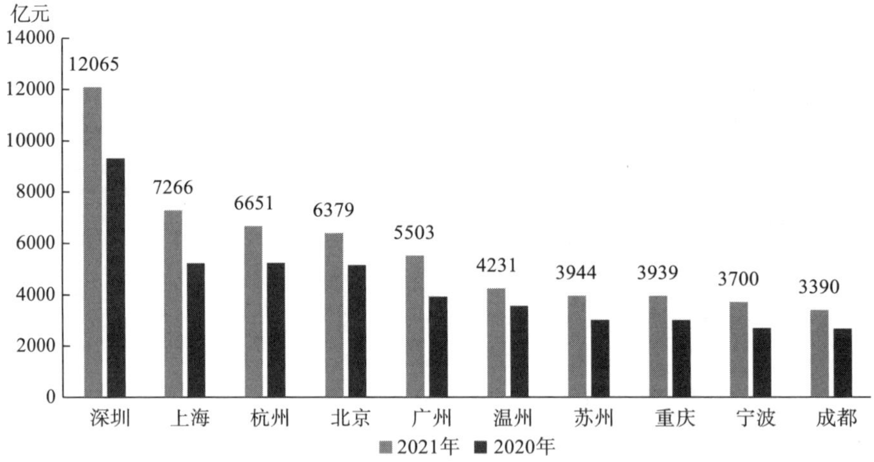

图 6.1.2　36 个金融中心城市普惠小微企业贷款余额总规模前十

超过了 600 亿元。值得注意的是，深圳是前十城市中普惠小微企业贷款余额唯一超过万亿元的城市，彰显了深圳作为创新城市的特质（见图 6.1.2）。

2021 年，所有 36 个金融中心城市的普惠小微企业贷款余额均实现了正增长，且有 34 个城市保持了两位数增长速度。其中，无锡增速最快，2021 年，无锡市普惠小微企业贷款余额较上年增加 591 亿元，增长 43.03%。但从普惠小微企业贷款余额新增的绝对值来看，北京以 2763 亿元遥遥领先，同比增幅也达到 29.7%（见图 6.1.3）。

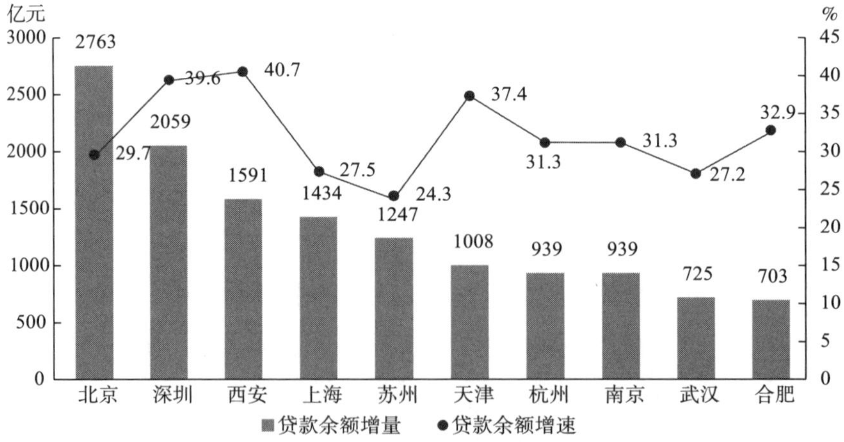

图 6.1.3　2021 年 36 个金融中心城市普惠小微企业贷款余额增量前十及其增速

6.2　科创型企业直接融资规模分析

整体来看，2022 年我国科创型企业直接融资活动呈景气上升态势，全国科创型企业整体直接融资增量较上年大幅提升 40.06%，恢复快速增长势头。36 个金融中心城市中，有 29 个城市的科创型企业直接融资增量与 GDP 之比较上年实现了提升，仅 7 个城市的科创型企业直接融资增量与 GDP 之比维持不变或降低。

2022 年科创型企业直接融资增量与 GDP 之比较高的前十城市依次是上海、北京、深圳、苏州、杭州、无锡、长沙、天津、沈阳和厦门。其中，上海是唯一的科创型企业直接融资增量与 GDP 之比接近 2% 的金融中心城市，比重是同期全国水平 2.94 倍；北京和深圳是比重仅次于上海的金融中心城市，科创型企业直接融资增量与 GDP 之比均超过了 1%（见图 6.2.1）。

2022 年，36 个金融中心城市的科创型企业直接融资增量达到了 3454.43 亿元，约占当年全国总量的 66.7%。其中，规模较大的前十城市分别是上海、北京、深圳、苏州、天津、杭州、成都、南京、西安和无锡，全年新增规模均超过了 70 亿元。值得注意的是，北京、上海和深圳作为国内主要证券交易所所在地，科创型企业直接融资增量存在明显优势（见图 6.2.2）。

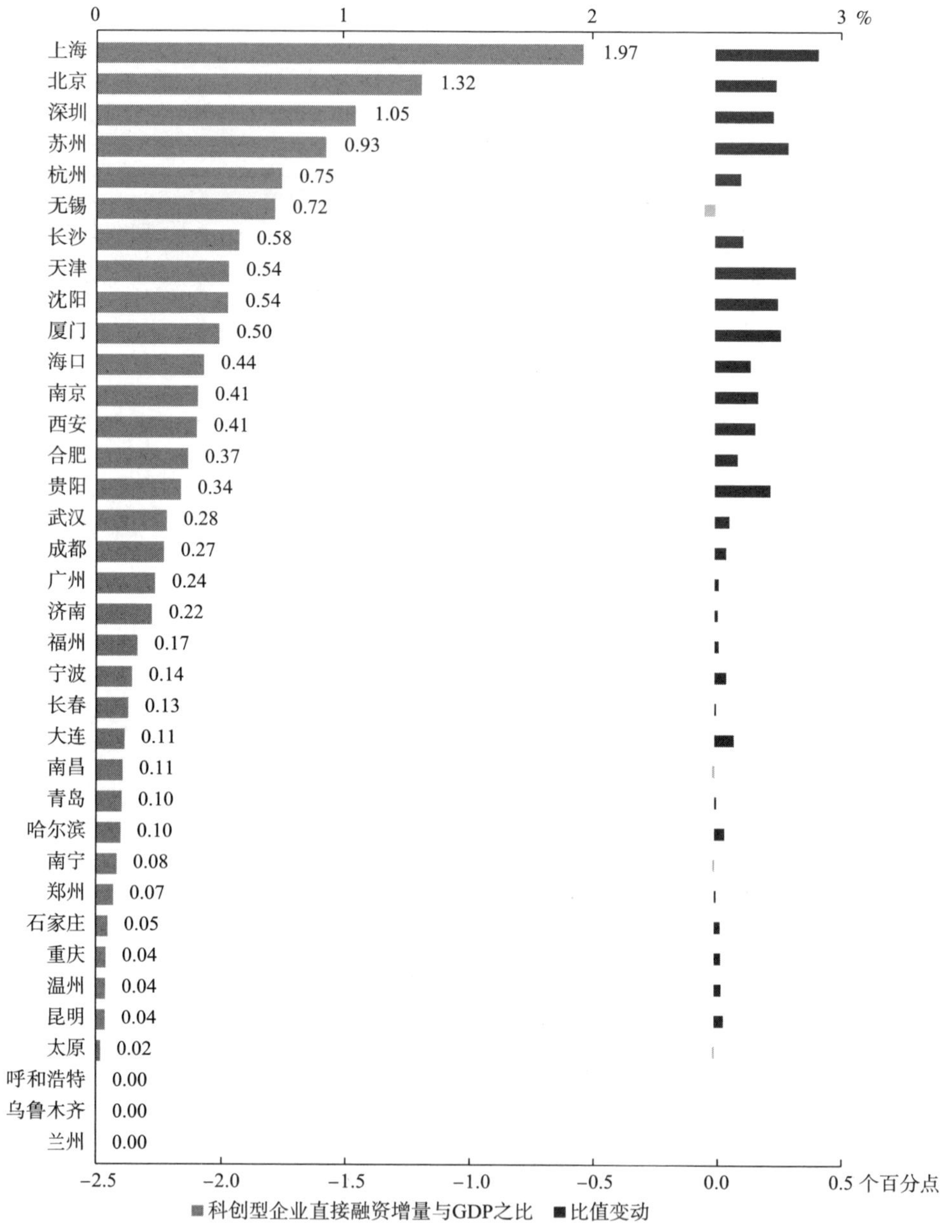

图 6. 2. 1　36 个金融中心城市科创型企业直接融资增量与 GDP 之比排行

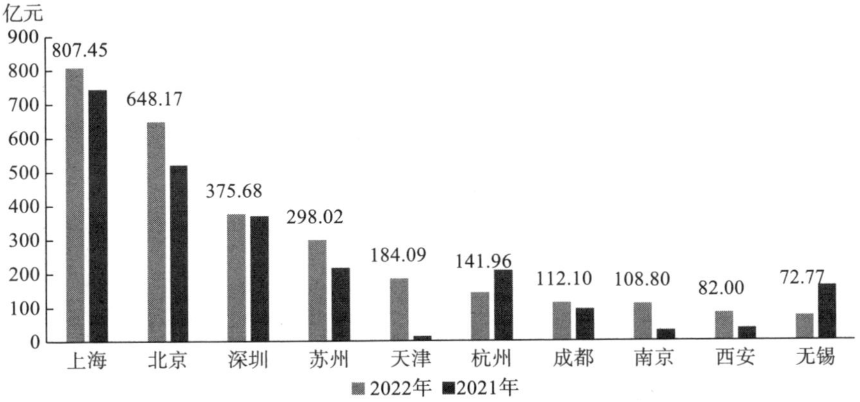

图 6.2.2　36 个金融中心城市科创型企业直接融资增量前十

6.3　科创型企业融资便利度调查

对 36 个金融中心城市本地科创型企业及相关金融中介服务机构的问卷调查统计显示，2022 年度科创型企业融资便利度评估处于景气状态（评分高于 100）的共 16 个城市，其中评分相对较高的前十城市依次是苏州、济南、西安、南京、武汉、南宁、兰州、青岛、天津和成都（见图 6.3.1）。

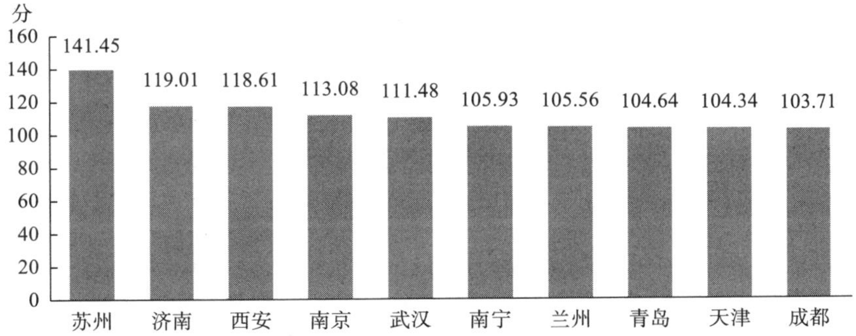

图 6.3.1　2022 年 36 个金融中心城市科创型企业融资便利度调查评分前十强

从科创型企业及金融机构对当前融资难易度较上年变化的综合评估结果来看，前十城市的市场参与主体对自身所在城市的融资便利度改善情况普遍持正面积极态度。以苏州为例，无论是科创型企业还是金融机构，超过 50%

的受访单位认为当前融资较上年更容易，均高出全国平均水平 20 个百分点，而认为融资变难的受访单位比例均不超过 10%。

值得注意的是，部分城市企业与金融机构对当下融资难易变化的认知存在明显分歧。以南宁为例，将近一半受访金融机构（43%）认为当前融资较上年更容易，但认为无变化的受访科创型企业仅占 28%，接近一半的受访科创型企业（44%）认为当前融资较上年变得更难（见图 6.3.2、图 6.3.3）。以上这种情况在一定程度上反映了，地方科创型企业融资仍然存在较显著的信息不对称、供需两端对接不充分等问题，需要各地予以重视。

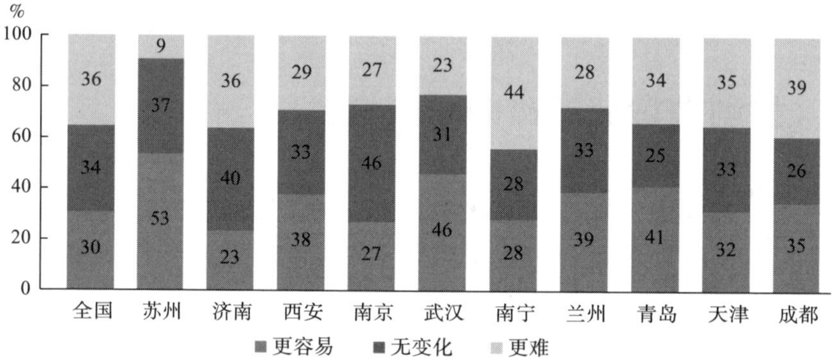

图 6.3.2　2022 年科创型企业对当前融资难易度较上年变化的评估

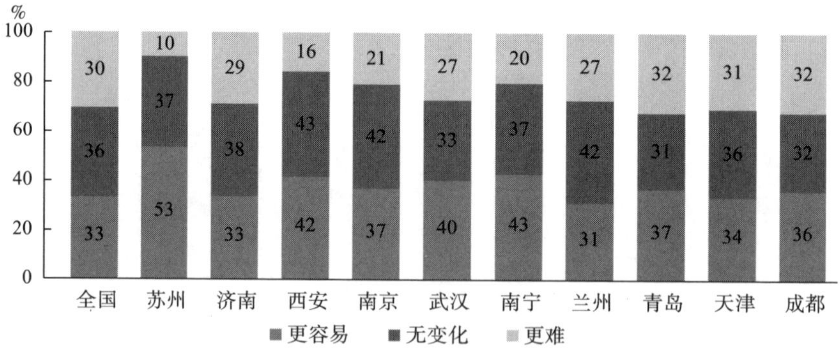

图 6.3.3　2022 年金融机构对当前科创型企业融资难易度较上年变化的评估

本次调查也对科创型企业就未来一年融资难易度变化的预期做了调查，整体偏正面积极。从问卷调查总体结果来看，44% 的受访企业认为未来一年融资会变得更容易，仅 28% 的受访企业认为会变得更难。具体从各城市来看，36 个金融中心城市中，受访企业预期较为乐观的前十城市依次是苏州、乌鲁木齐、南京、武汉、青岛、深圳、呼和浩特、上海、南宁和西安。其中，苏州地区受访企业持正向积极态度的比例最高，仅 8% 的受访企业认为未来一年融资会变得更难，57% 的受访企业认为未来一年融资会变得更容易，另有 35% 的受访企业认为无变化（见图 6. 3. 4）。

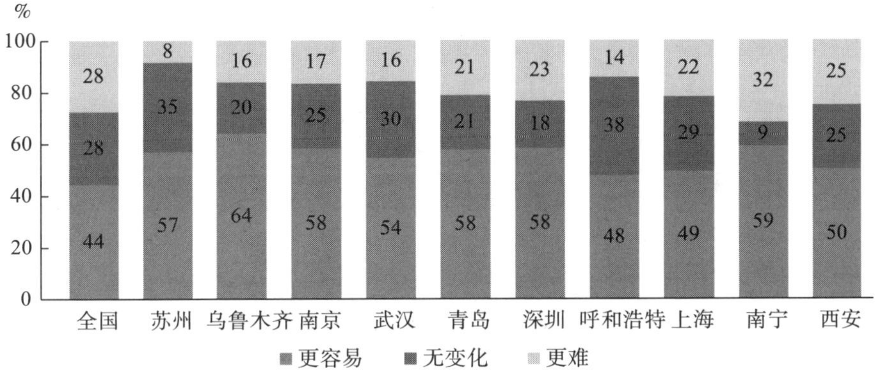

图 6. 3. 4　2022 年科创型企业对未来一年融资难易度变化的预判

6. 4　科创型企业融资成本变化调查

对 36 个金融中心城市本地科创型企业及相关金融中介服务机构的问卷调查统计显示，2022 年度科创型企业融资成本变化评估处于景气状态（评分高于 100）的仅有 5 个城市，36 个金融中心城市中评分相对较高的前十城市依次是苏州、成都、武汉、南京、青岛、济南、乌鲁木齐、沈阳、上海和海口（见图 6. 4. 1）。

具体而言，从科创型企业对当前融资成本较上年变化的评估结果来看，前十城市的市场参与主体对自身所在城市的融资成本的改善情况普遍持正面积极态度。以苏州为例，高达 64% 的受访科创型企业认为当前融资成本较上年更低，高出全国平均水平 30 多个百分点；而认为融资成本较上年提高的受访科创型企业比例仅为 12% （见图 6. 4. 2）。

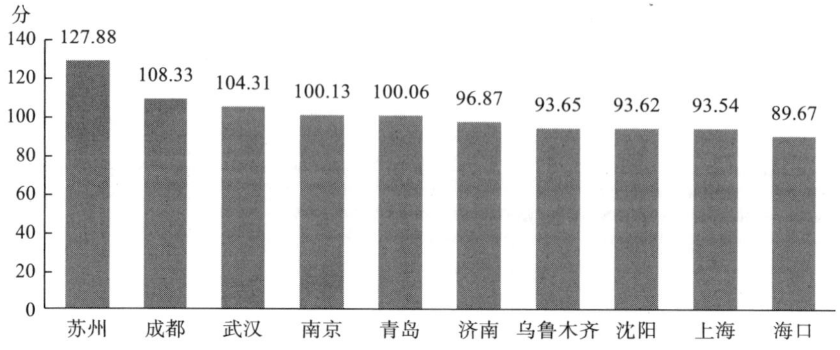

图 6.4.1　2022 年科创型企业融资成本改善景气度评分

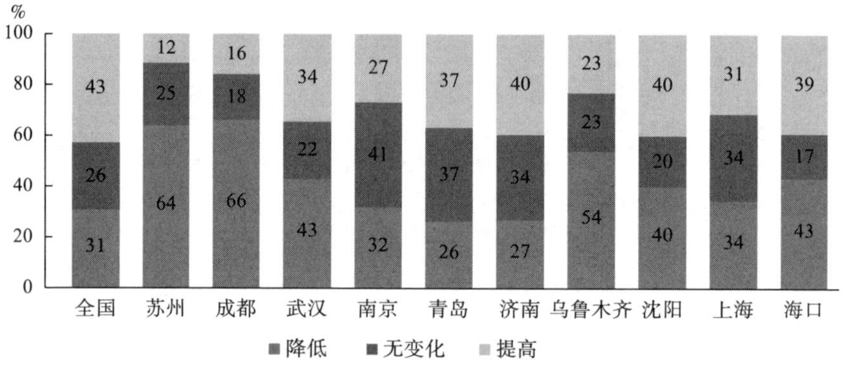

图 6.4.2　2022 年科创型企业融资成本较上年变化调查结果分布

从金融机构对当前融资成本变化的评估结果来看，前十城市的金融机构对自身所在城市当前融资成本的变化情况同样持相对正面态度，认为当前融资成本在提高的受访金融机构比例均不超过 40%。部分城市表现突出，以苏州为例，高达 59% 的受访金融机构认为当前融资成本正在降低，高出全国平均水平 23 个百分点；而认为融资成本在提高的受访金融机构比例仅为 13%（见图 6.4.3）。

本次调查也对科创型企业就未来一年融资成本变化的预期做了调查。从问卷调查总体结果来看，32% 的受访企业认为未来一年融资成本会降低，44% 的受访企业认为会提高，说明科创型企业整体对未来一年融资成本的变化偏悲观。具体来看，36 个金融中心城市中，受访企业预期较为乐观的前十城市依次是苏州、南京、深圳、上海、海口、乌鲁木齐、武汉、南宁、昆明和济南。其中，苏州地区受访企业持正向积极态度的比例最高，仅 10% 的受

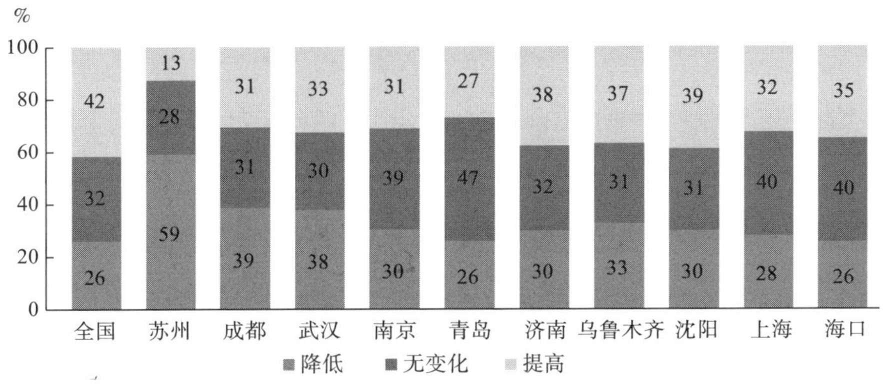

图 6.4.3　金融机构当前融资成本变化调查结果分布

访企业认为未来一年融资会变得更难，63% 的受访企业认为未来一年融资会变得更容易，另有 28% 受访企业认为无变化（见图 6.4.4）。

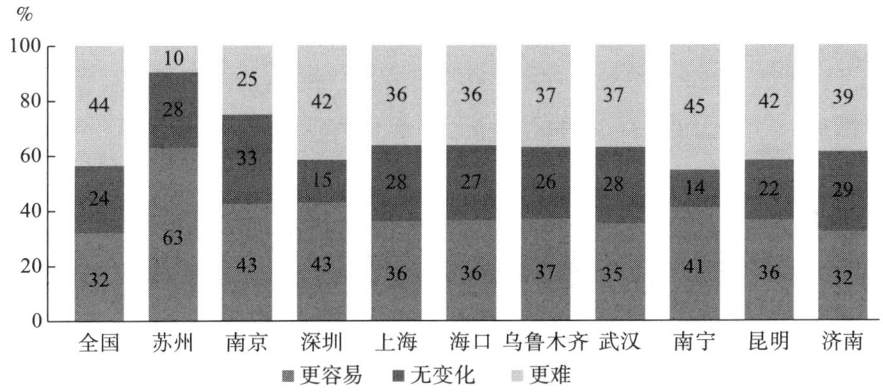

图 6.4.4　科创型企业融资成本未来一年预期变化调查结果分布

6.5　面向科创型企业的融资供给情况调查

对 36 个金融中心城市本地科创型企业及相关金融中介服务机构的问卷调查统计显示，2022 年度科创型企业融资供给变化评估处于景气状态（评分高于 100）的城市多达 36 个，36 个金融中心城市中评分相对较高的前十城市依次是广州、深圳、杭州、无锡、贵阳、温州、济南、南京、青岛和苏州（见图 6.5.1）。

具体而言，从科创型企业对当前融资供给情况的调研评估结果的分布来看，前十城市的科创型企业对自身所在城市的融资供给的情况普遍持正面积极态度，认为当前融资供给比较充分的受访科创型企业比重均超过 50%，认为当前融资供给比较稀缺的受访科创型企业均不超过 10%。以广州和深圳为例，认为当前融资供给比较充分的受访科创型企业比重分别达到 68% 和 69%，认为当前融资供给比较稀缺的受访科创型企业比重分别仅为 5% 和 6%（见图 6.5.2）。

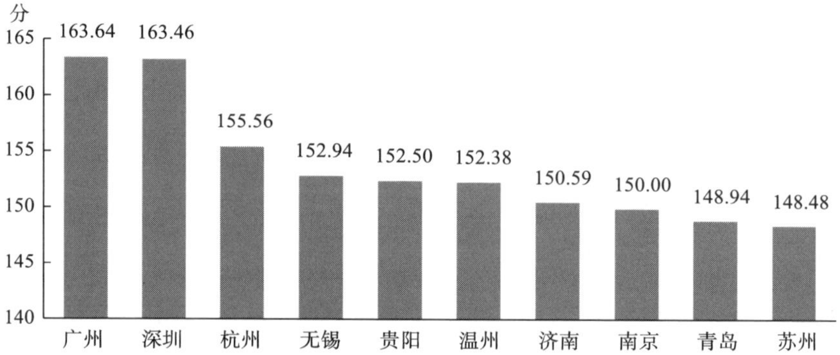

图 6.5.1　2022 年 36 个金融中心城市科创型企业融资供给改善景气度评分前十

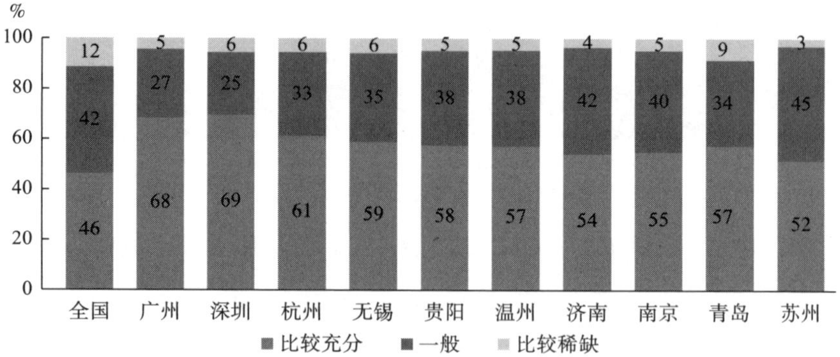

图 6.5.2　当前面向科创型企业融资供给情况调查结果分布

6.6　科创型企业融资扩大意愿调查

对 36 个金融中心城市本地科创型企业的问卷调查统计显示，2022 年度科创型企业融资扩大意愿评估处于景气状态（评分高于 100）的城市多达 36 个。36 个金融中心城市中评分相对较高的前十城市依次是深圳、武汉、太原、南京、青岛、贵阳、成都、合肥、厦门和温州（见图 6.6.1）。

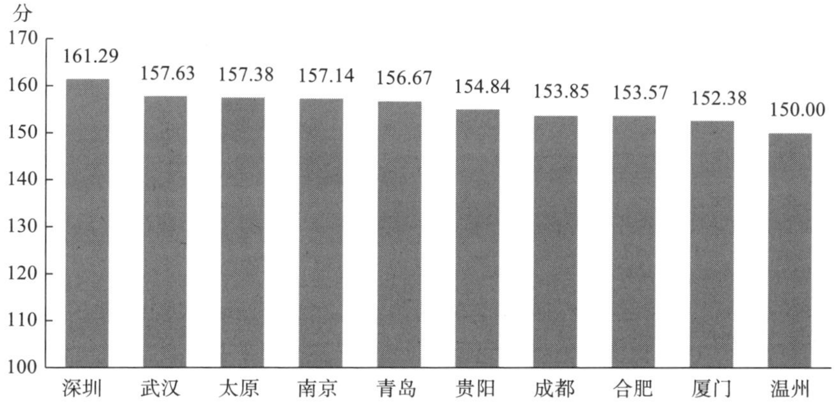

图 6.6.1　2022 年 36 个金融中心城市科创型企业融资扩大意愿景气度评分前十

具体而言，从科创型企业对未来融资意愿情况的调研评估结果的分布来看，前十城市的科创型企业对未来的融资意愿均较强，认为未来将增加融资的受访科创型企业比重均超过 50%，认为未来将减少融资的受访科创型企业均不超过 15%。以深圳为例，认为未来融资需求将增加的受访科创型企业比重高达 66%，认为未来融资需求将减少的受访科创型企业比重仅为 5%（见图 6.6.2）。

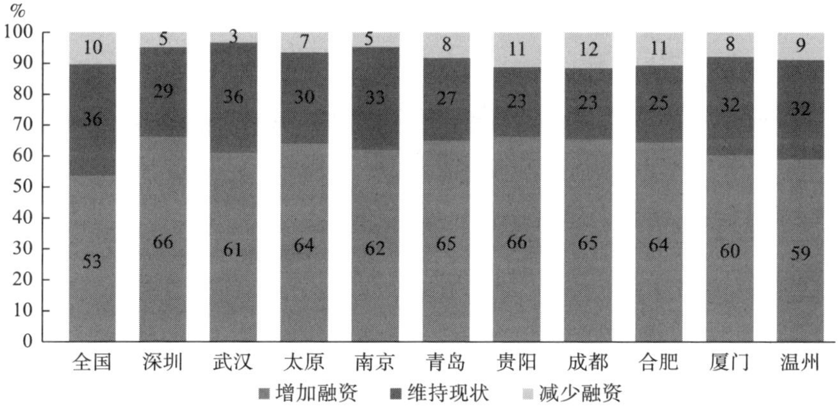

图 6.6.2　未来科创型企业融资需求变化调查结果分布

第7章　科创金融投资景气度分析

科创金融投资景气水平通过评估科创型企业、金融机构、政府等科创金融活动相关各方在一定时期的投资强度和投资意愿，综合反映企业、政府和金融机构等社会各方支持科创事业扩大发展的意愿和实际力度。该分项评价指数由6项指标构成，其中3项客观指标分别是全社会研发投入强度、私募股权投资规模与GDP之比、财政科技支出占比，3项主观评分指标分别是科创型企业研发投入扩大意愿、科创型企业投资扩大意愿和私募股权投资需求扩张趋势。

7.1　全社会研发投入情况分析

整体来看，2021年我国全社会研发投入活动呈景气上升状态，全国整体研发投入强度较上年微微上升至2.42%，继续维持上升势头。36个金融中心城市中，有26个城市的全社会研发投入强度较上年实现了提升，仅10个城市的研发投入强度维持不变或降低。36个金融中心城市全社会研发投入强度平均达到了2.86%，高出同期全国水平0.44个百分点。

2021年全社会研发投入强度较高的前十城市依次是北京、深圳、西安、上海、苏州、天津、杭州、南京、武汉和合肥。其中，北京是唯一的全社会研发投入强度超过6%的金融中心城市，强度是同期全国水平1.7倍；深圳和西安是仅次于北京的金融中心城市，研发强度均超过了5%；

前十城市中，上海、武汉和合肥的全社会研发投入强度较上年有所缩减（见图7.1.1）。

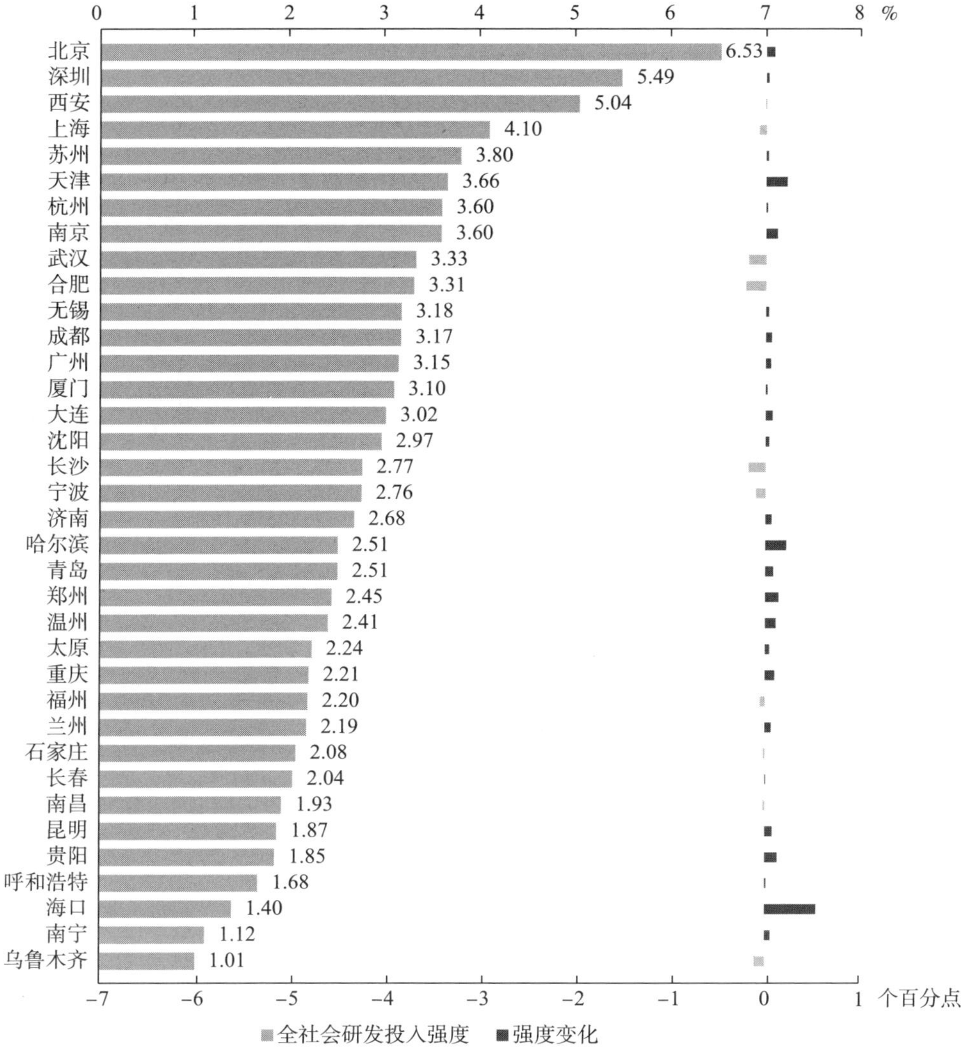

图7.1.1 2021年36个金融中心城市全社会研发投入强度排行

2021 年，36 个金融中心城市的全社会研发投入总规模达到了 16819 亿元，约占当年全国总量的 60.4%。其中，投入规模较大的前十城市分别是北京、上海、深圳、广州、苏州、杭州、成都、重庆、武汉和南京。北京、上海和深圳投入规模遥遥领先于其他城市，全年新增规模均超过了 150 亿元。值得注意的是，苏州 2021 年全社会研发投入规模已经接近广州，大有赶超一线城市之势（见图 7.1.2）。

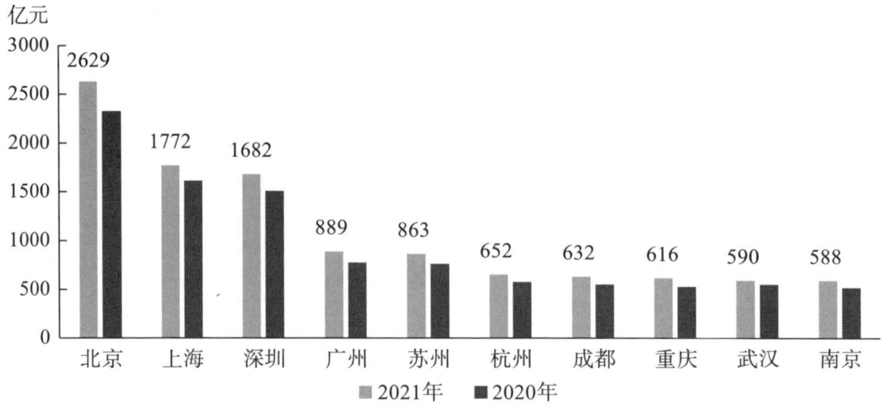

图 7.1.2　2021 年 36 个金融中心城市中全社会研发投入规模前十

2021 年，36 个金融中心城市中有 35 个城市的研发投入规模实现了正增长，28 个城市保持了两位数增长速度。其中，海口增速最快，2021 年 R&D 经费投入较上年增加 13.46 亿元，增长 87.7%，占海南全省 R&D 经费投入比重达到了 61.27%，研究经费投入增幅、投入占比均达到历史最高水平。

7.2　科创型企业研发投入意愿调查

对 36 个金融中心城市本地科创型企业问卷调查统计显示，2022 年度科创型企业研发扩大意愿度评估处于景气状态（评分高于 100）的城市共计 36 个，全部城市均有入选，表明大多数科创型企业倾向于在未来投入更多资源用于科技研发，提升创新能力。其中，评分相对较高的前十城市依次是深圳、长沙、海口、南京、温州、无锡、西安、重庆、贵阳和大连（见图 7.2.1）。

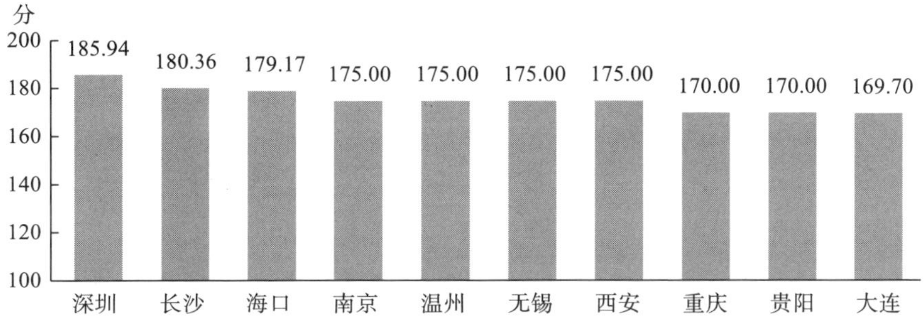

图 7.2.1　2022 年度 36 个金融中心城市科创型企业研发扩大意愿度调查评分前十强

从科创型企业对未来研发投入扩大意愿的综合评估结果来看，36 个金融中心城市科创型企业具有高度意愿在未来加大研发投入，前十城市扩大研发投入意愿明显更高。以深圳为例，高达 86% 的受访企业表示未来一年将增加研发投入，高出全国平均水平近 20 个百分点，而表示保持不变、减少的比例分别仅为 14% 和 0，分别低于全国平均水平 16 个百分点和 2 个百分点（见图 7.2.2）。

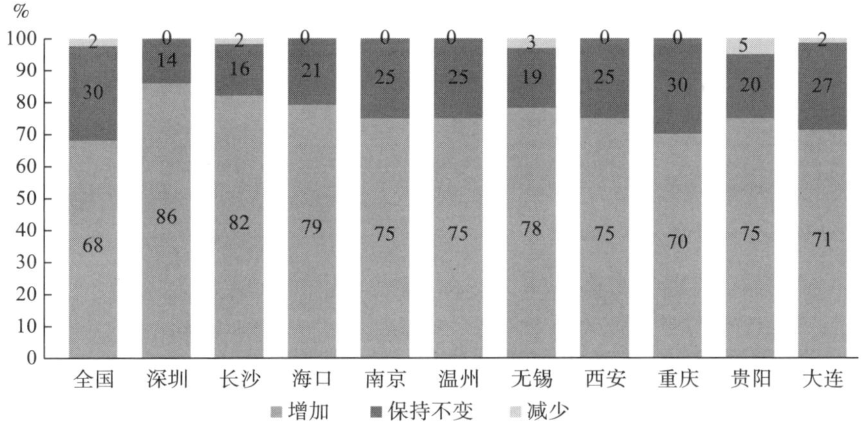

图 7.2.2　未来科创型企业研发投入变化调查结果分布

7.3　科创型企业投资扩大意愿调查

对 36 个金融中心城市本地科创型企业问卷调查统计显示，2022 年度科创型企业投资扩大意愿度评估处于景气状态（评分高于 100）的城市共计 34 个，仅贵阳和兰州未入选，表明多数科创型企业倾向于在未来提高投资水平。其中，评分相对较高的前十城市依次是青岛、南京、南宁、武汉、深圳、厦门、重庆、哈尔滨、宁波和苏州（见图 7. 3. 1）。

从科创型企业对未来投资扩大意愿的综合评估结果来看，36 个金融中心城市科创型企业在未来扩大投资规模方面具有高度意愿，前十城市扩大投资意愿明显更高。以青岛为例，63% 的受访企业有意向增加投资，高出全国平均水平 19 个百分点，而认为保持不变、减少的比例仅为 25% 和 12%，分别低于全国平均水平 13 个百分点和 6 个百分点（见图 7. 3. 2）。

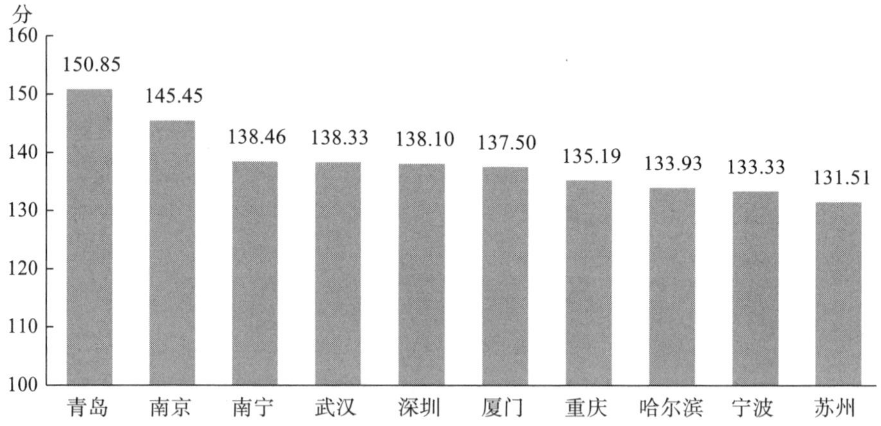

图 7. 3. 1　2022 年度 36 个金融中心城市科创型企业投资扩大意愿度调查评分前十强

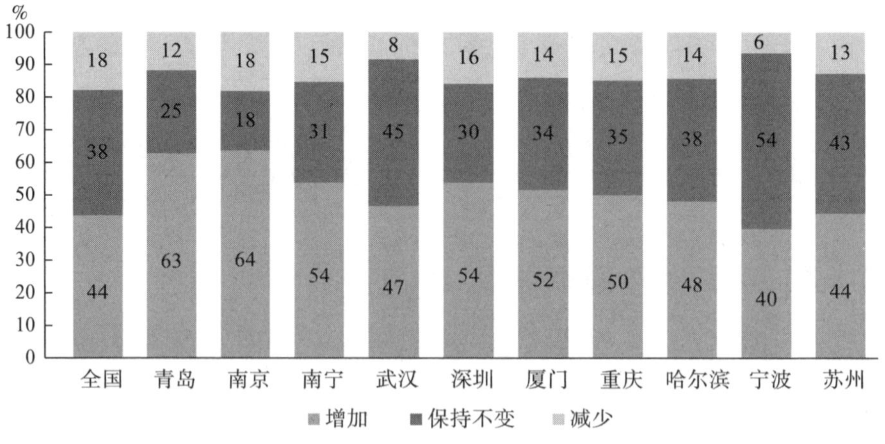

图 7. 3. 2　未来科创型企业投资扩大变化调查结果分布

7.4　私募股权投资规模及需求调查

从供给端看，2022 年我国私募股权投资总体规模出现较大幅度下滑，从 2021 年的 43064 亿元下降到 2022 年的 29951 亿元，降幅约达 30.45%。36 个金融中心城市的私募股权投资规模下降幅度相对更大，从 2021 年的 33288 亿元下降到 2022 年的 16680 亿元，降幅约达 49.89%。其中，30 个城市较上年出现不同程度下降，19 个城市降幅超过 50%，仅 6 个城市私募股权投资规模实现了提升，分别为兰州、南宁、郑州、贵阳、西安和无锡。

2022 年，36 个金融中心城市的私募股权投资规模占全国比重 55.69%，较上年下降 21.61 个百分点。私募股权投资规模排名前十的依次是北京、上海、深圳、杭州、广州、郑州、西安、合肥、无锡和苏州。其中，北京、上海、深圳作为全国性金融中心，私募股权投资规模遥遥领先，分别达到 3780 亿元、2219 亿元和 1924 亿元；杭州私募股权投资超过广州，达到 903 亿元（见图 7.4.1）。

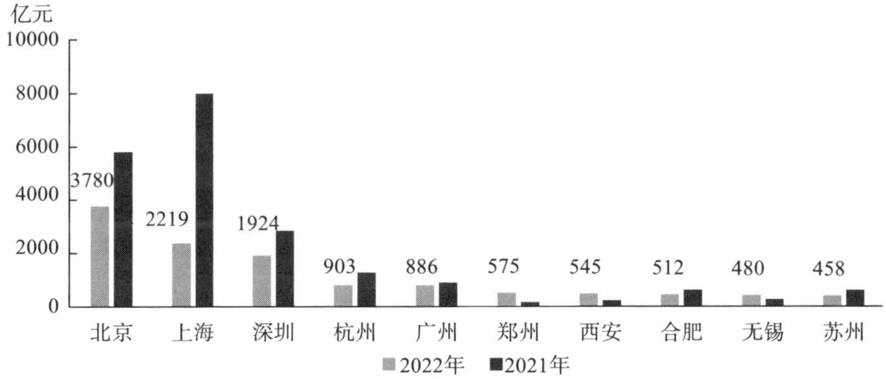

图 7.4.1　2022 年 36 个金融中心城市中私募股权投资规模前十

2022 年，我国私募股权投资规模与 GDP 之比为 2.47%，较上年下滑 1.27 个百分点。36 个金融中心城市私募股权投资规模与 GDP 之比平均水平达到了 2.88%，高出同期全国平均水平 0.41 个百分点。36 个金融中心城市中，30 个城市的私募股权投资规模与 GDP 之比出现下降，仅有 6 个城市出现上升（见图 7.4.2）。

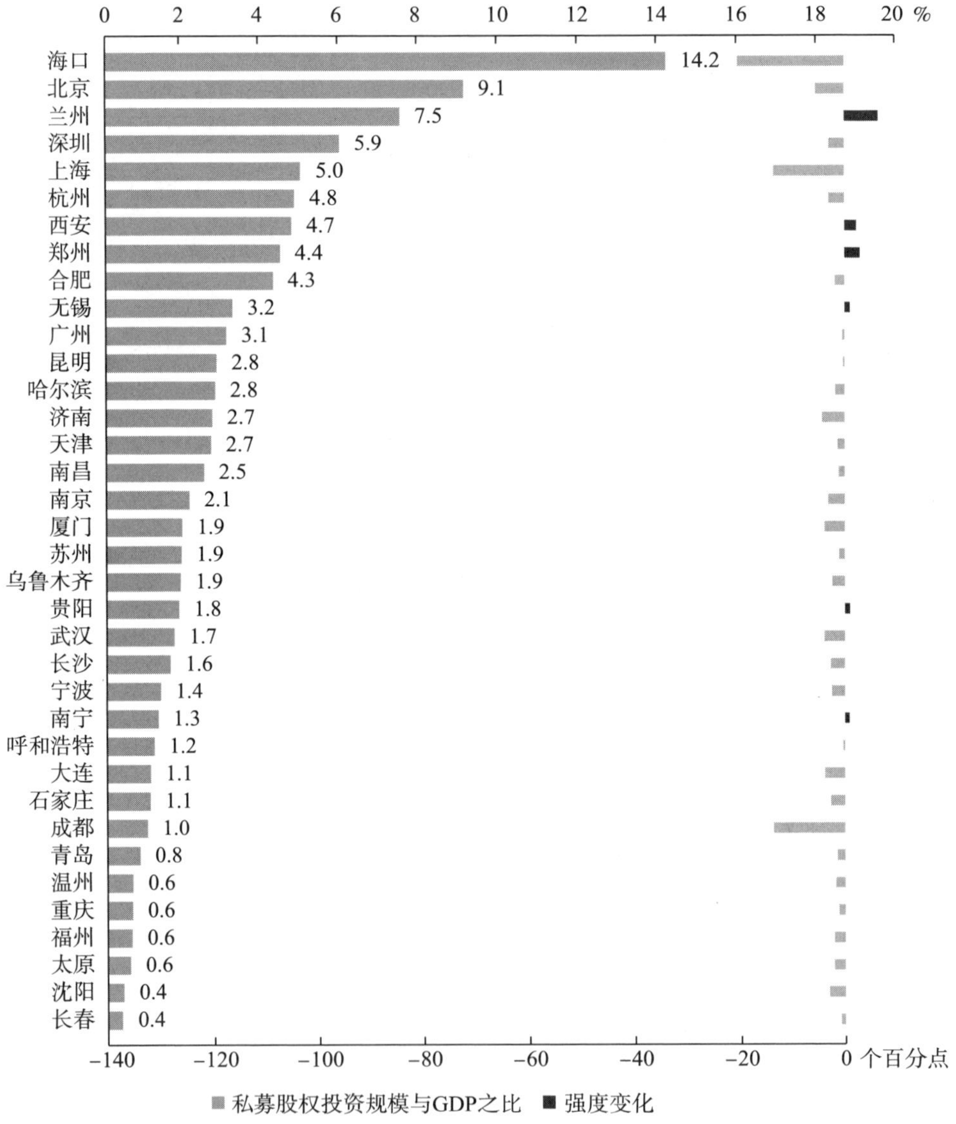

图 7.4.2　金融中心城市私募股权投资规模与 GDP 之比排行

2022 年，私募股权投资规模与 GDP 之比较高的前十城市是海口、北京、兰州、深圳、上海、杭州、西安、郑州、合肥和无锡。其中，海口是唯一的私募股权投资规模与 GDP 之比超过 10% 的金融中心城市，比全国平均水平高 11.73 个百分点；北京、兰州、深圳的私募股权投资规模与 GDP 之比较高，均超过 5%。前十城市中，兰州、西安、郑州、无锡私募股权投资规模与 GDP 之比较上年上升，其他城市出现下滑（见图 7.4.2）。

从需求端看，对 36 个金融中心城市本地科创型企业问卷调查统计显示，2022 年度科创型企业对私募股权投资需求处于扩张状态，全部城市评分均高于 100，表明在私募股权投资规模出现总体下滑、供给相对紧缺的情况下，多数城市的科创型企业对私募股权投资需求并未减少，普遍具有高度意愿获得私募股权投资。

从科创型企业对私募股权投资需求的评估结果来看，前十城市的市场科创型企业对获得私募股权投资的需求相对较高，前十城市依次是无锡、济南、青岛、呼和浩特、苏州、南京、西安、广州、南宁和厦门（见图 7.4.3）。以无锡为例，83% 的受访单位有意向增加私募股权投资，高出全国平均水平 23 个百分点，而认为保持不变、减少的比例仅为 17% 和 0，分别低于全国平均水平 13 个百分点和 10 个百分点（见图 7.4.4）。

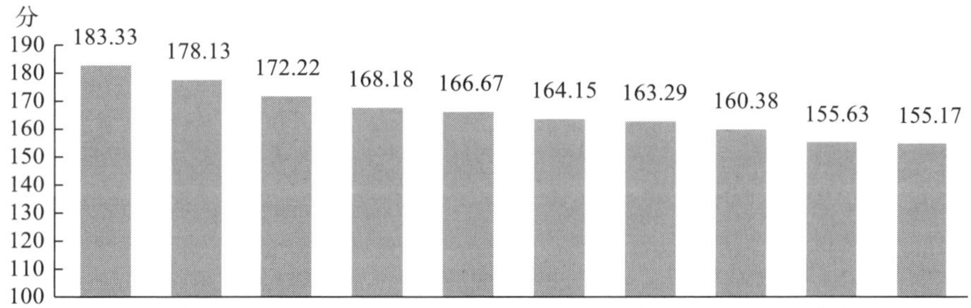

图 7.4.3 科创型企业私募股权投资需求调查评分前十强

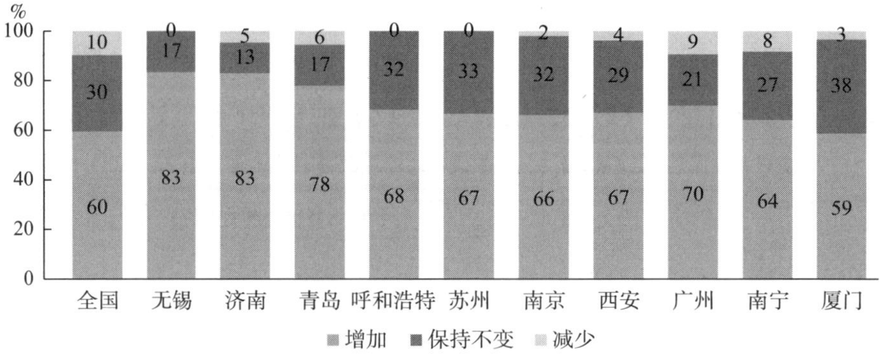

图 7.4.4　科创型企业私募股权投资需求变化调查结果分布

7.5　财政科技支出统计分析

整体来看，2022 年我国财政科技支出占比基本不变，全国财政科技支出占一般公共预算支出比重为3.85%，较上年略微下滑0.09 个百分点。36 个金融中心城市中，有 16 个城市的财政科技支出占比较上年实现了提升，20 个城市的财政科技支出占比出现下滑。36 个金融中心城市财政科技支出占比平均达到了4.32%，高出同期全国水平0.47 个百分点。

2022 年，地方财政科技支出占一般公共预算支出比重最高的前十城市依次是合肥、深圳、苏州、杭州、武汉、南京、宁波、广州、成都和南昌。其中，合肥财政科技支出占比达到 17.52%；深圳财政科技支出占比次之，为10.28%；其他 8 个城市财政支出占比均超过6%。前十城市中，合肥、深圳、杭州、南京、宁波、南昌财政科技支出占比出现上升，其他城市财政科技支出占比有所下降（见图 7.5.1）。

2022 年，36 个金融中心城市的财政科技支出总规模达到了 10023 亿元，约占当年全国总量的 36.82%。其中，财政科技支出规模较大的前十城市依次是深圳、上海、北京、合肥、苏州、杭州、广州、武汉、成都和宁波。其中，深圳、上海和北京财政科技支出规模超过 400 亿元，其他 7 个城市的财政科技支出规模则在 150 亿～250 亿元（见图 7.5.2）。

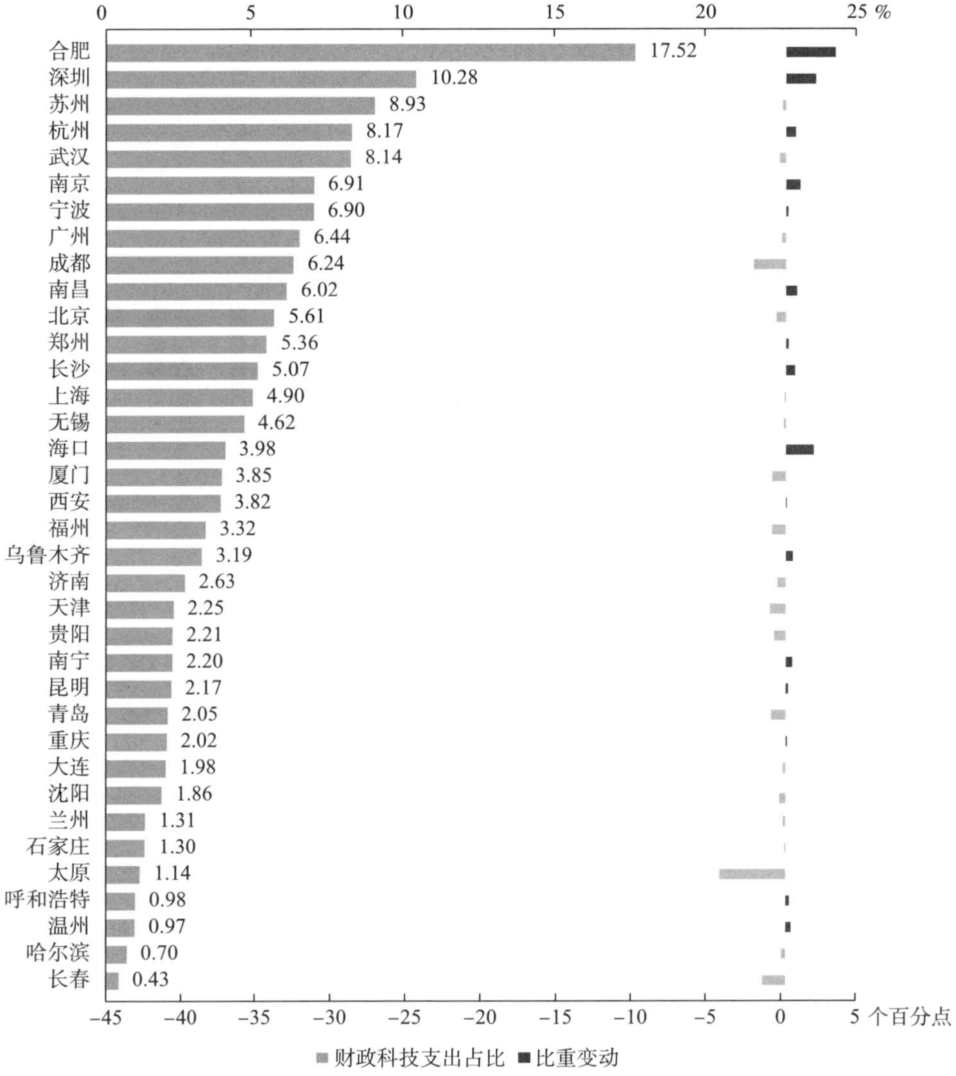

图 7.5.1　2022 年 36 个金融中心城市财政科技支出占比排行

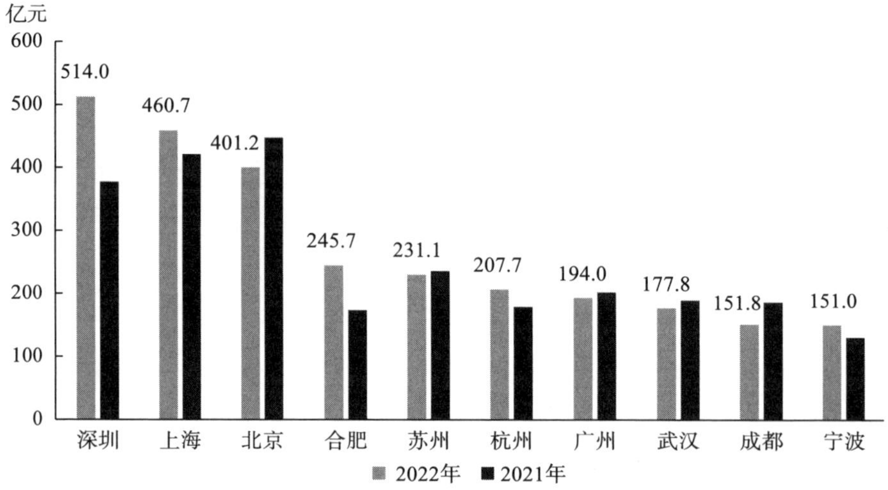

图 7.5.2　2022 年 36 个金融中心城市中财政科技支出规模前十

2022 年，36 个金融中心城市中，有 17 个城市财政科技支出规模实现了正增长，11 个城市保持了两位数增长速度，其中海口增速最快，达到了 127.92%。值得注意的是，受宏观环境影响，济南、贵阳、青岛、哈尔滨、天津、长春、太原等城市财政科技支出规模下降较多，其中多数为北方城市。

第8章　科创金融绩效景气度分析

科创金融绩效景气水平是对本地科创企业发展成效和成果产出的评估，可以反映一段时期地方科创金融在支持科创型企业培育、原始创新和技术创新活动方面的有效性。该分项评价指数由8项指标构成，其中6项客观指标分别是单位GDP高新技术企业数、单位GDP国家级专精特新“小巨人”企业数、单位GDP上市科创型企业数、单位GDP上市科创型企业总市值、单位人口SCI论文发表数、单位人口新增发明专利授权量，两项主观评分指标分别是本地科创产业整体发展评价和本地科创产业发展潜力评价。

8.1　科创产业发展优势及潜力调查分析

经过对36个金融中心城市本地科创型企业及相关金融和中介服务机构进行问卷调查统计分析，从科创产业发展优势角度来看，2022年36个城市科创产业发展优势评估得分均处于景气状态（评分高于100），其中评分相对较高的前十城市依次是深圳、杭州、南京、广州、青岛、上海、宁波、苏州、无锡和北京（见图8.1.1）。

从各城市受访者对本地科创产业发展评价的综合评估结果来看，前十城市的受访者对自身所在城市的科创产业发展较为认可，评价上整体显著优于全国平均水平。以深圳为例，超过90%的受访者认为本地科创产业发展水平比较好，高出全国平均水平36个百分点。此外，在前十强城市中，仅杭州、广州和上海有少量受访者认为本地科创产业发展水平较差（见图 8.1.2）。

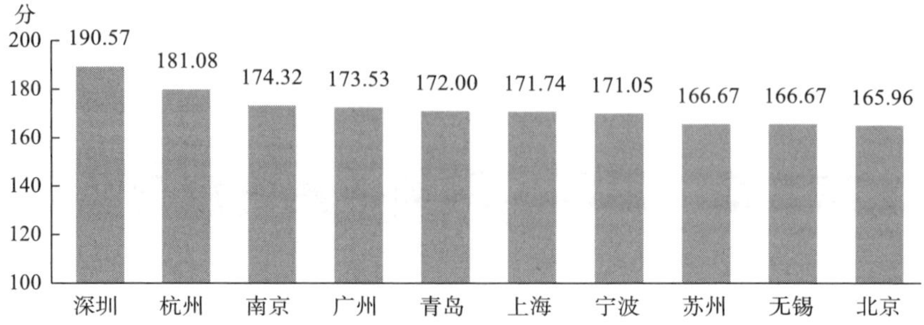

图 8.1.1　2022 年 36 个金融中心城市科创产业发展优势调查评分前十强

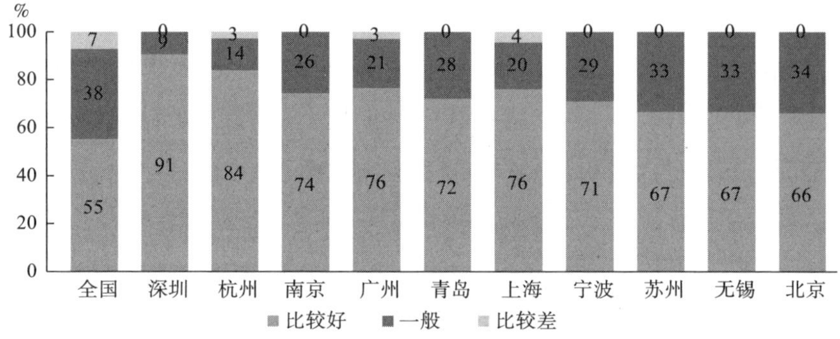

图 8.1.2　2022 年本地科创产业发展评价分布

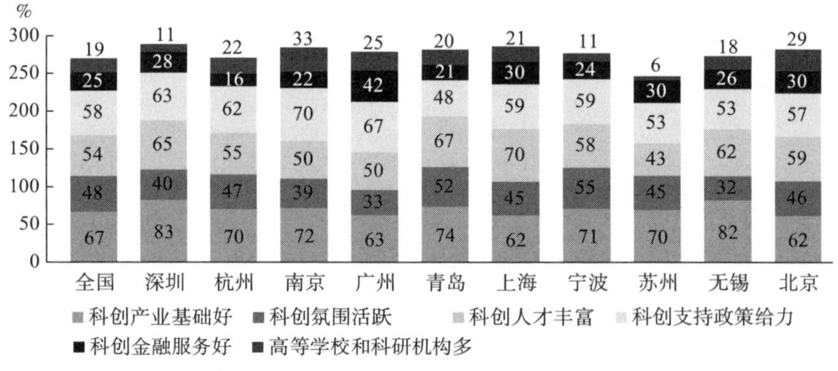

图 8.1.3　2022 年本地科创产业发展评价前十强对发展优势的评价

从各城市对科创发展具体优势的评价来看，排名前十强的城市普遍在科创产业基础、科创人才和科创支持政策方面表现较好。以深圳为例，超过八成受访者（83%）认为深圳的科创产业基础好，65% 的受访者认为深圳科创人才丰富，以及 63% 的受访者认为深圳科创支持政策给力。这种表现说明，地方科创产业发展可以主要在建设科创产业基础设施、吸引科创人才落户和加强科创支持政策等方面发力，以快速提升本地科创产业发展水平（见图 8.1.3）。

从科创产业发展潜力角度来看，36 个金融中心城市科创产业发展潜力评估得分均处于景气状态（评分高于 100），其中评分相对较高的前十城市依次是深圳、广州、南京、济南、合肥、青岛、无锡、苏州、长沙和北京（见图 8.1.4）。

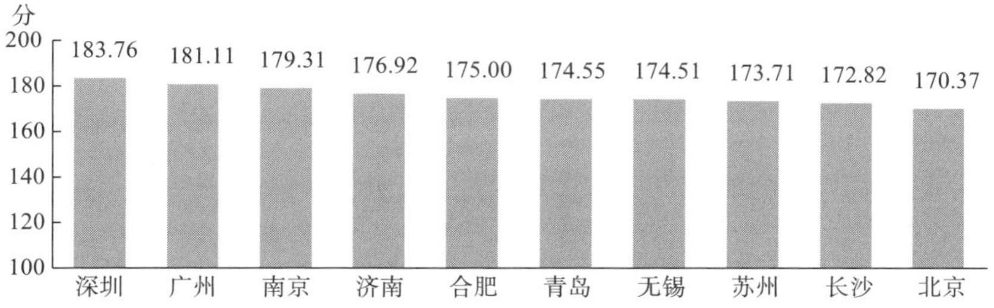

图 8.1.4　2022 年 36 个金融中心城市科创产业未来发展潜力调查评分前十强

本次调查也对各城市科创产业未来发展潜力评价做了调查。从问卷调查总体结果来看，70% 的受访者认为自身所在城市科创产业未来发展潜力较高，仅 4% 的受访者认为发展潜力较低。具体到看，排名前十金融中心城市中，深圳地区受访者持正向积极态度的比例最高，达到了 88%。北京地区的受访者中有 71% 持正向积极态度，略高于全国平均水平（见图 8.1.5）。

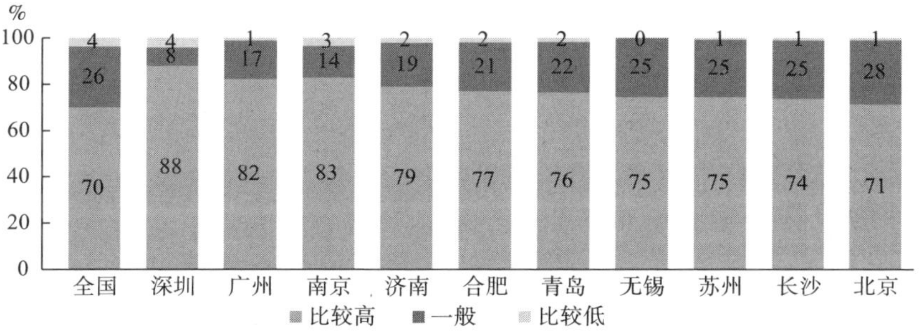

图 8.1.5　2022 年本地科创产业未来发展潜力评价分布

8.2　科创型企业培育发展情况分析

从国家高新技术企业的口径看，2022 年我国高新技术类科创型企业的培育发展呈景气上升态势，全国每亿元国家高新技术企业数较上年提升 17.01%，增长势头良好。36 个金融中心城市中，有 33 个城市的每亿元国家高新技术企业数较上年实现了提升，仅 3 个城市的每亿元国家高新技术企业数降低。

2022 年每亿元国家高新技术企业数比重高的前十城市依次是北京、深圳、西安、杭州、石家庄、武汉、天津、苏州、沈阳和合肥。其中，北京、深圳和西安每亿元国家高新技术企业数比重均超过 0.8 家，相当于三个城市每创造 1 亿元 GDP 的背后就差不多有 1 家国家高新技术企业的支撑。

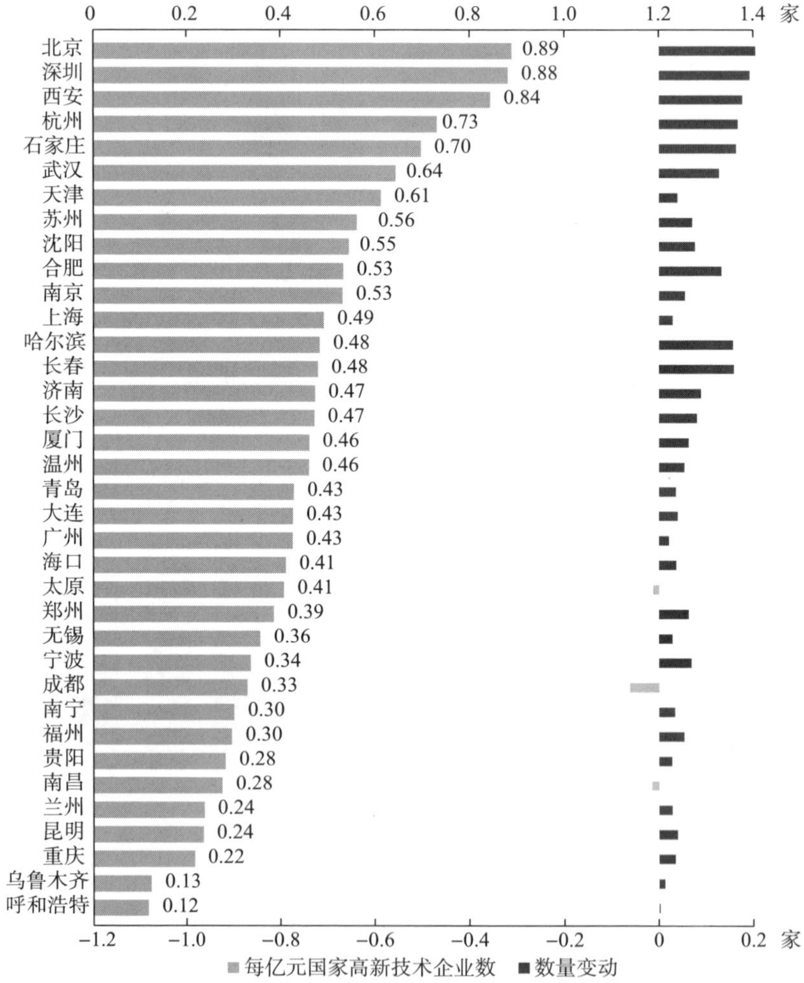

图 8.2.1　2022 年 36 个金融中心城市每亿元国家高新技术企业数排行

2022年，36个金融中心城市的国家高新技术企业总数量达到了266053家，约占当年全国总量的66.61%。其中，数量较多的前十城市依次是北京、深圳、西安、上海、苏州、天津、杭州、南京、武汉和合肥，全年新增规模均超过了9500家。值得注意的是，北京是前十城市中国家高新技术企业数唯一超过3.5万家的城市，在全国城市中遥遥领先（见图8.2.2）。

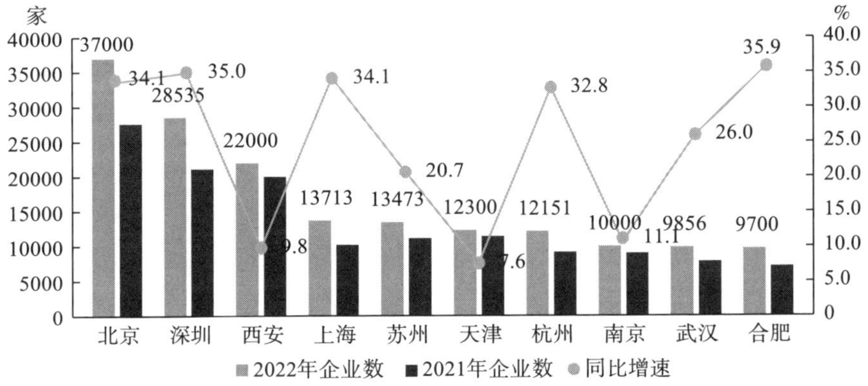

图8.2.2 2022年36个金融中心城市国家高新技术企业数量前十

从国家级专精特新“小巨人”企业的口径看，2022年我国专精特新类科创型企业的培育发展同样呈景气上升态势，全国每百亿元国家级专精特新“小巨人”企业数较上年提升79.41%，增长势头迅猛。36个金融中心城市中，除呼和浩特保持不变外，其他所有城市的每百亿元国家级专精特新“小巨人”企业数较上年均实现了提升。

2022年每百亿元国家级专精特新“小巨人”企业数较多的前十城市依次是厦门、宁波、北京、深圳、温州、天津、杭州、武汉、上海和合肥。其中，厦门和宁波力压北京和深圳两个一线城市，遥遥领先，每百亿元国家级专精特新“小巨人”企业数均超过1.7家，相当于两个城市每创造100亿元GDP的背后就差不多有接近两家国家级专精特新“小巨人”企业的支撑（见图8.2.3）。

2022年，36个金融中心城市的国家级专精特新“小巨人”企业总数量达到了4827家，约占当年全国总量的53.65%。其中，数量较多的前十城市依

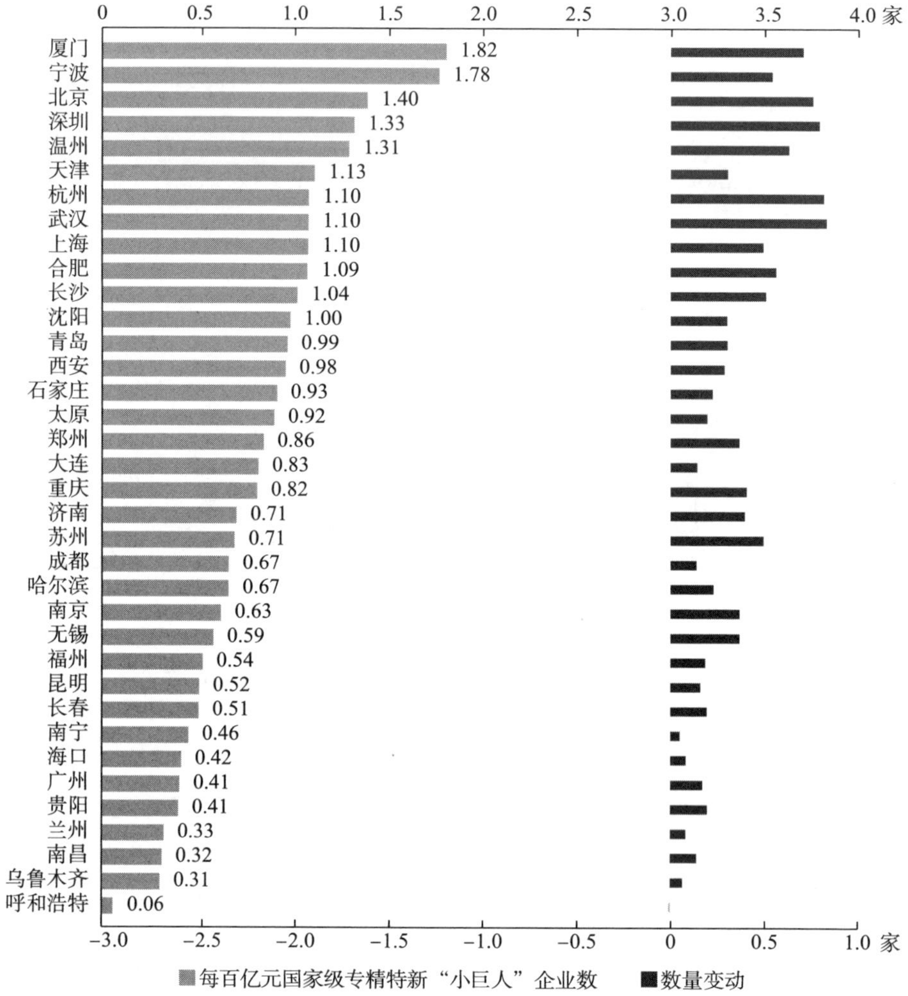

图 8.2.3　2022 年 36 个金融中心城市每百亿元国家级专精特新“小巨人”企业数排行

次是北京、上海、深圳、宁波、重庆、武汉、杭州、成都、天津和苏州，全年新增规模均超过了 150 家。值得注意的是，北京、上海和深圳的 2022 年国家级专精特新“小巨人”企业数量均超过 400 家，且同比增速均超过 80%，增速同样名列前茅，表明我国国家级专精特新“小巨人”企业的培育呈现明显的马太效应（见图 8.2.4）。

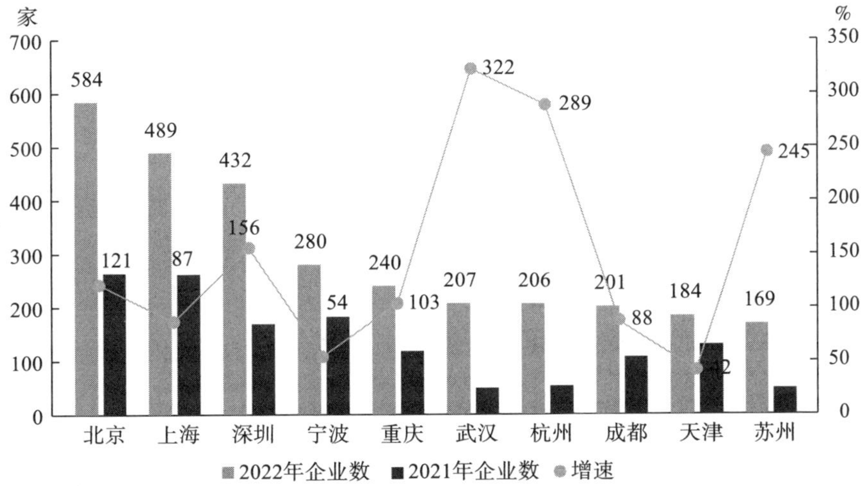

图 8.2.4　2022 年 36 个金融中心城市国家级专精特新"小巨人"企业数量前十

8.3　上市科创型企业情况分析

科创型企业通常指以科技创新为核心竞争力的企业，为更好明确研究范围，本书根据 2020 年证监会公布的《科创属性评价指引（试行）》筛选符合科创精神的上市企业①，以研发投入占营业收入比例为判定标准，在全体科创板上市企业的基础上，将创业板和北交所中符合判定标准的企业纳入研究范围，以期将符合科创精神的上市企业进行一个相对全面的统计。

根据筛选规则得到 2022 年 12 月 31 日前科创板上市企业 501 家，创业板上市企业 536 家，北交所上市企业 64 家。

2022 年我国金融中心城市每千亿元上市科创型企业数呈上升状态，整体

① 主板上市的多为发展较成熟企业，因此本书将科创型企业认定范围限定在科创板、创业板和北交所上市企业中，且将在科创板上市企业全部认定为科创型企业。根据《科创属性评价指引（试行）》文件中领悟的科创精神，对创业板和北交所上市企业进行筛选，要求企业满足最近三年研发投入占营业收入比例 5% 以上，若是企业 Wind 行业类别为软件，则要求最近三年研发投入占营业收入比例 10% 以上。此外，剔除创业板和北交所中金融和房地产相关企业。

呈现“强者恒强”态势，全国金融中心城市每千亿元上市科创型企业数较上年上升16%，维持上升势头。36个金融中心城市中，有27个城市的每千亿元上市科创型企业数较上年实现了提升，仅9个城市的每千亿元上市科创型企业数维持不变或降低。36个金融中心城市每千亿元上市科创型企业数平均达到了1.14家，高出同期全国水平25%。

2022年每千亿元上市科创型企业数前十城市依次是深圳、北京、杭州、苏州、上海、合肥、厦门、长沙、南京和无锡。其中，深圳、北京、杭州、苏州和上海为第一梯队，其均值水平高出同期全国水平2.4家；前十城市中，仅厦门的每千亿元上市科创型企业数较上年略微下滑（见图8.3.1）。

2022年，36个金融中心城市的上市科创型企业数量达到了855家，约占当年全国全部上市科创型企业的77.7%。其中，上市科创型企业数较多的前十城市依次是北京、深圳、上海、苏州、杭州、广州、成都、南京、武汉和无锡。其中，北京、深圳和上海的上市科创型企业数量突破百家，苏州和杭州紧随其后，排名前五城市集中了约48.7%的国内上市科创型企业；前十城市的上市科创型企业数量均较上年增加（见图8.3.2）。

2022年，36个金融中心城市中有28个城市的上市科创型企业数实现了正增长。其中，北京上市科创型企业数量增加最多，于2022年增加30家，在其之后是上海和深圳，分别增加25和21家。值得注意的是苏州和杭州发力明显，分别增加11家和10家，说明长三角地区科创和金融要素正在进一步集聚。

整体来看，2022年我国各地科创型企业市值增长相对各地GDP增长并不乐观，在2022年GDP增速为3%的背景下，全国科创型企业总市值与GDP比值较上年略微下滑1.9%，排名靠前城市科创型企业市值与GDP比值下滑更为明显。36个金融中心城市中，仅10个城市的科创型企业总市值与GDP比值较上年实现了提升。尽管如此，36个金融中心城市科创型企业总市值与GDP比值平均达到了11.27%，高出同期全国水平1.09个百分点。

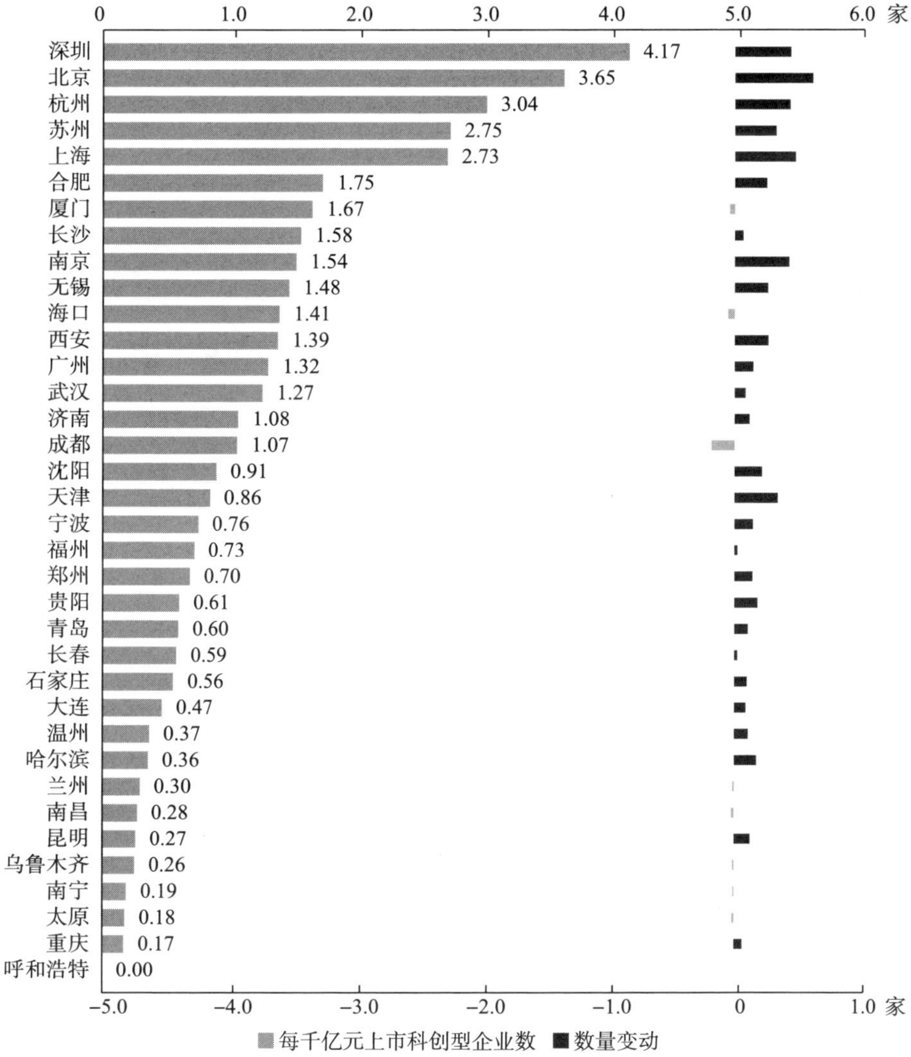

图8.3.1　2022年36个金融中心城市每千亿元上市科创型企业数排行

2022年科创型企业总市值与GDP比值较高的前十城市依次是深圳、上海、北京、苏州、杭州、无锡、厦门、西安、长沙和海口。其中，深圳是唯一的科创型企业总市值与GDP比值超过50%的金融中心城市，比例高出同期全国水平4.9倍；上海和北京是仅次于深圳的金融中心城市，比

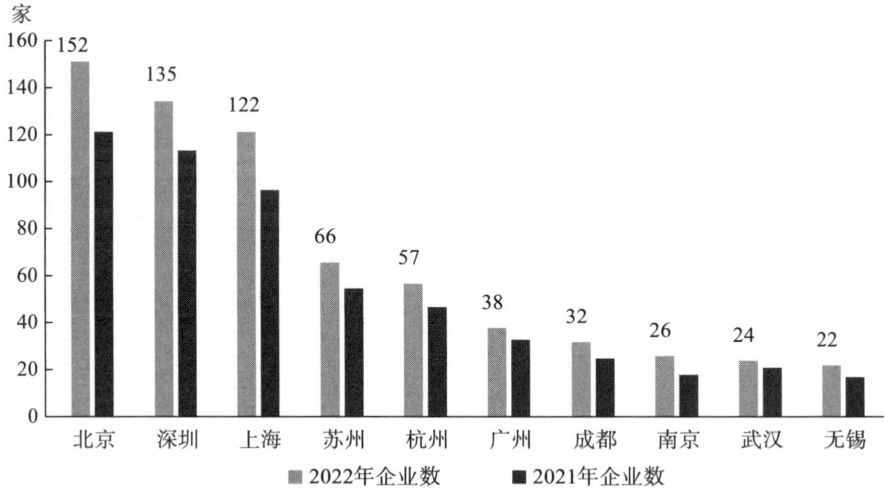

图 8.3.2　2022 年 36 个金融中心城市上市科创型企业数前十

值均超过了 40%；前十城市中，仅西安的上市科创型企业总市值与 GDP 比值实现正增长，说明绝大多数城市科创型企业的市值在 2022 年下降明显（见图 8.3.3）。

2022 年，36 个金融中心城市的上市科创型企业总市值达到了 90512 亿元，约占当年全国总量的 73.45%。其中，上市科创型企业总市值相对较高的前十城市依次是上海、北京、深圳、苏州、杭州、无锡、长沙、广州、成都和南京。上海、北京和深圳位列前三，其上市科创型企业总市值与其他城市拉开了明显差距，前三城市科创型企业总市值就占全国总量的 42.7%。值得注意的是，深圳 2022 年上市科创型企业总市值由原来的高于北京，变成了略低于北京（见图 8.3.4）。

2022 年，36 个金融中心城市中有 10 个城市的上市科创型企业总市值实现了正增长。其中，天津市上市科创型企业总市值较上年增加 965.74 亿元；天津在上市科创型企业总市值方面表现较高增速，达到了 111.12%。在其之后是哈尔滨和贵阳，增速分别达到了约 98.26% 和 71.93%，远高于上市科创型企业总市值增速排名第 4 的沈阳，沈阳增速约为 32.90%。

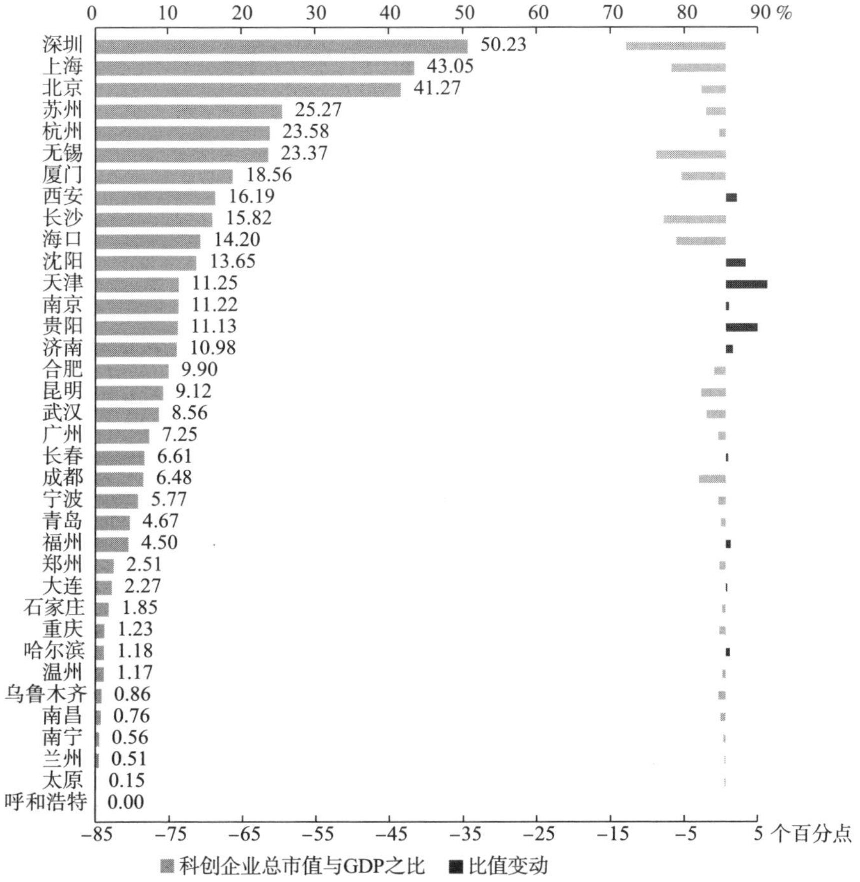

图 8.3.3　2022 年 36 个金融中心城市科创型企业总市值与 GDP 比值排行

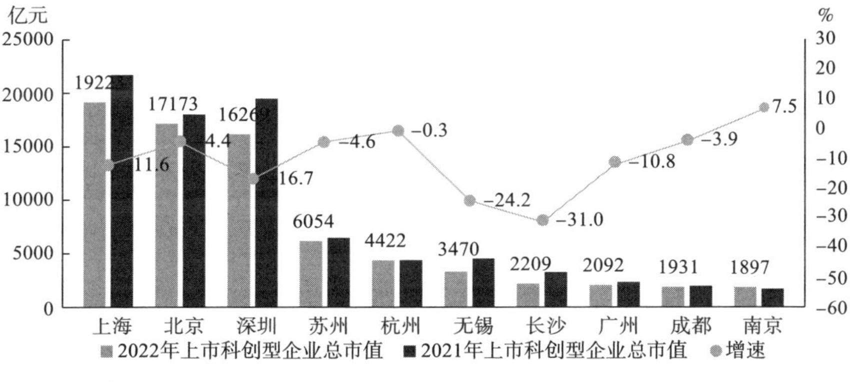

图 8.3.4　2022 年 36 个金融中心城市中上市科创型企业总市值前十

8.4 全社会原始创新及成果产出分析

整体来看，2022 年我国全社会原始创新活动呈景气上升状态，全国每万人 SCI 论文发表数较上年提升了 1 篇，增幅达到 23.1%，增长势头较好。36 个金融中心城市的每万人 SCI 论文发表数相比上年均实现了提升。

2022 年每万人 SCI 论文发表数最多的前十城市依次是北京、南京、武汉、西安、杭州、上海、兰州、广州、长沙和济南。其中，北京和南京每万人 SCI 论文发表数在全国遥遥领先，分别达到 81.62 篇和 72.51 篇，比排名第三的武汉整整多出 33 篇以上。值得注意的是，虽然南京高校、科研院所数量较多，但每万人 SCI 论文发表数依然表现亮眼，毕竟武汉、上海、广州等城市同样拥有不俗的科研院所实力（见图 8.4.1）。

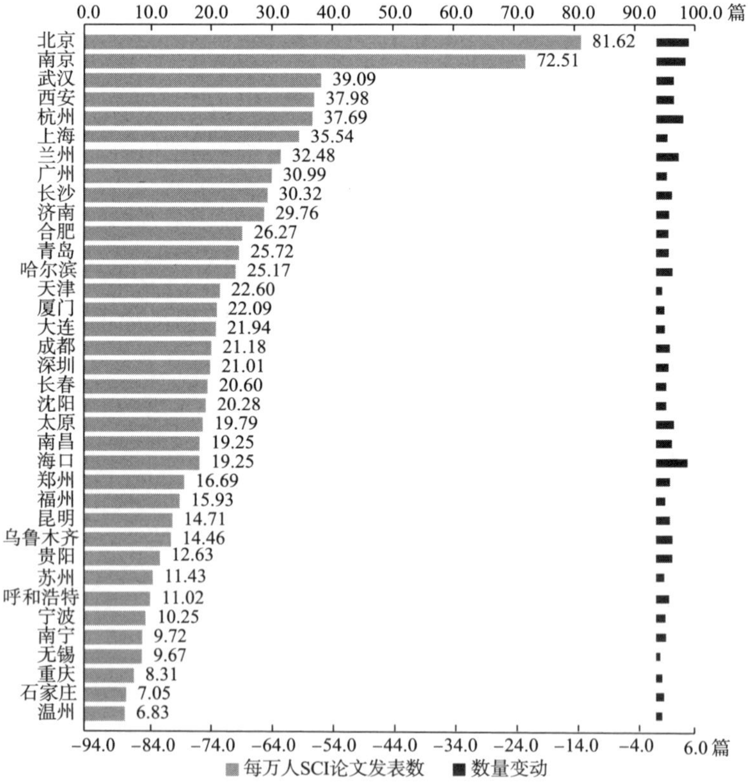

图 8.4.1 2022 年 36 个金融中心城市每万人 SCI 论文发表数排行

2022 年，36 个金融中心城市的全年 SCI 论文发表总数量达到了 1044853 篇，占当年全国总量约 133.96%。超过 100% 的原因是许多 SCI 论文的作者来自多个城市，而以城市为单位进行加总存在重复计算；但这依然说明我国原始创新活动高度集中于 36 个金融中心城市。其中，数量较多的前十城市分别是北京、上海、南京、广州、武汉、西安、杭州、成都、深圳和长沙，全年新增 SCI 论文发表均超过了 3 万篇，这一排名与这些城市的高校及科研院所实力是高度对应的（见图 8.4.2）。

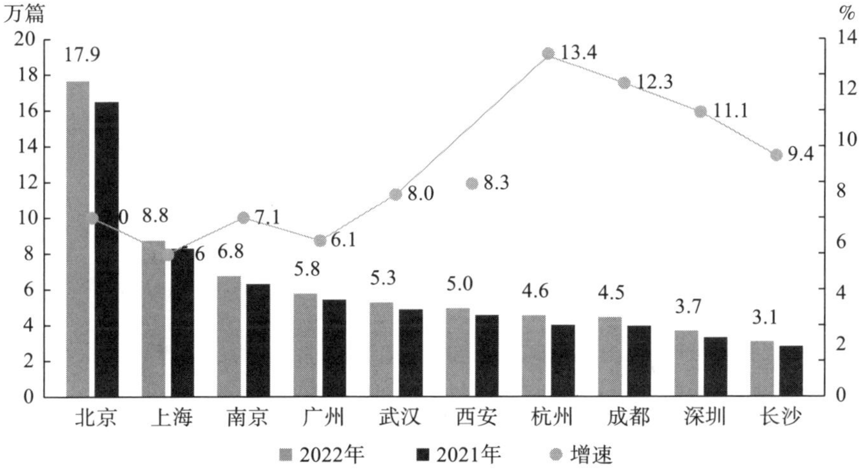

图 8.4.2　2022 年 36 个金融中心城市全年 SCI 论文发表数量前十

8.5　全社会技术创新及成果产出分析

整体来看，2022 年我国全社会技术创新活动呈景气上升状态，全国每万人新增发明专利授权量较上年提升了 0.72 件，增幅达到 14.66%，增长势头较好。除了温州相比上年略有减少外，其他 35 个金融中心城市的每万人新增发明专利授权量相比上年均实现了提升。

2022 年每万人新增发明专利授权量较多的前十城市依次是北京、南京、深圳、杭州、武汉、苏州、上海、广州、青岛和合肥。其中，北京每万人新增发明专利授权量一骑绝尘，超过40件，比第二名南京多出10件以上。值得注意的是，深圳作为高校、科研院所相对匮乏的国内主要城市，每万人新增发明专利授权量接近30件，仅次于北京，与南京基本持平，体现了深圳企业技术创新的较强活力（见图8.5.1）。

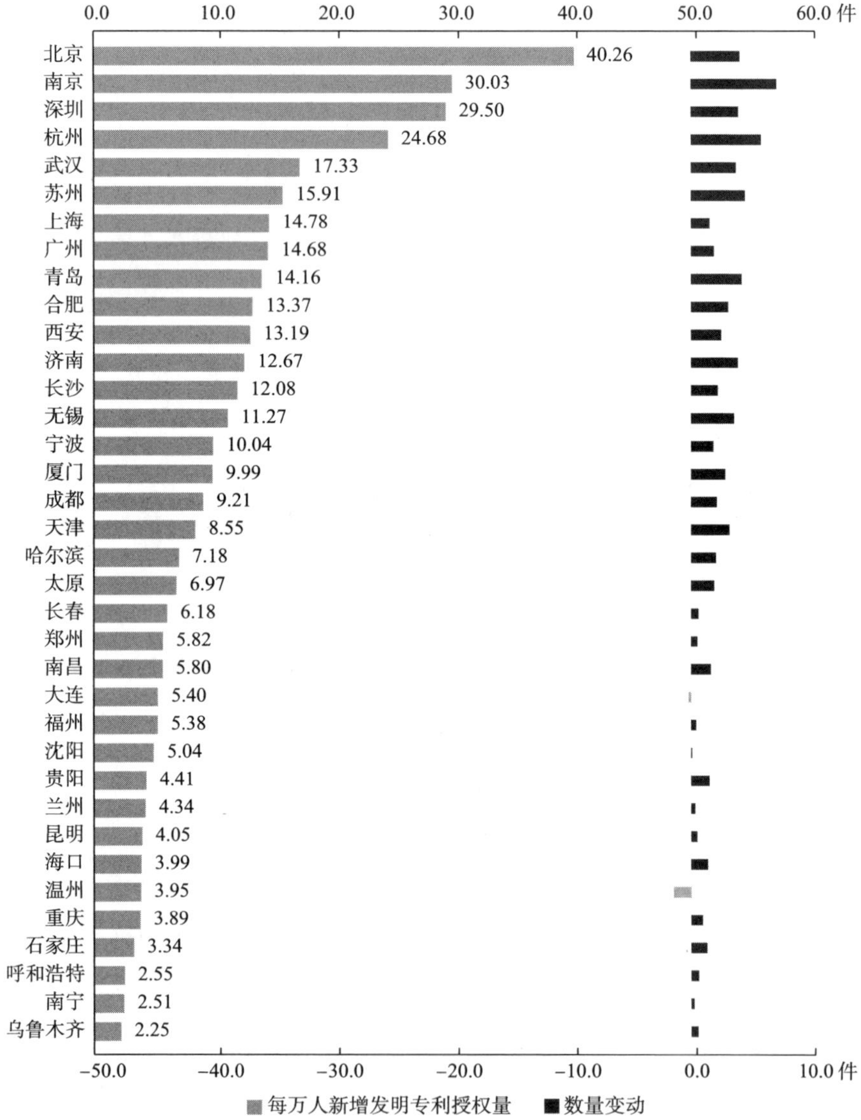

图8.5.1　2022年36个金融中心城市每万人新增发明专利授权量排行

2022年，36个金融中心城市全年新增发明专利授权量50.43万件，约占当年全国总量的63.2%。其中，数量较多的前十城市分别是北京、深圳、上海、杭州、南京、广州、武汉、苏州、成都和西安，全年新增发明专利授权量均超过了1.5万件。值得注意的是，北京是前十城市中新增发明专利授权量唯一超过8万件的城市，在全国城市中遥遥领先（见图8.5.2）。

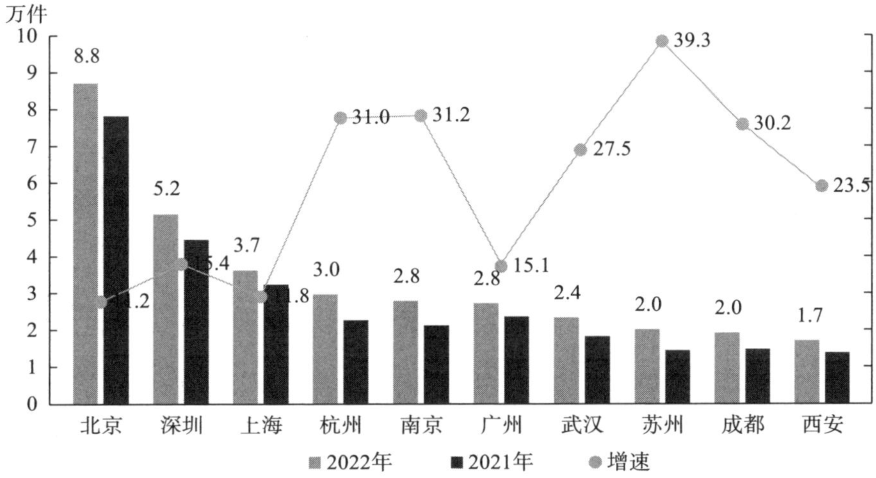

图8.5.2　2022年36个金融中心城市新增发明专利授权量数量前十

第 9 章　科创金融政策景气度分析

科创金融政策景气水平是对地方政府部门构建科创金融政策体系及政策环境的整体评估，可以反映一段时间地方政府出台各类科创金融政策的力度大小、覆盖范围及可获得性，以及政策性金融供给的效率和创新创业环境营造等情况。该分项评价指数由 8 项指标构成，其中 1 项客观指标是每百万人拥有国家级创新载体数量，7 项主观评分指标分别是科创金融政策支持力度、政府引导基金发展情况、获得政府性融资担保服务情况、科技保险渗透情况、综合金融服务平台发展情况、本地科创金融创新氛围和本地科创金融发展潜力。

9.1　科创金融政策综合支持力度调查分析

对 36 个金融中心城市本地科创型企业的问卷调查统计显示，2022 年度科创金融政策综合支持评估处于景气状态（评分高于 100）的共 36 个城市，其中评分相对较高的前十城市依次是苏州、西安、武汉、济南、青岛、广州、南京、宁波、合肥和厦门（见图 9.1.1）。

从科创型企业就当前科创产业支持政策较上年变化的评估结果来看，前十城市的科创型企业对自身所在城市的科创产业支持政策改善情况普遍持正面积极态度，认为当前政策比上年更好的受访企业占比均超过 70%。其中，西安有 78% 的受访科创型企业认为当前的政策好于上年，认为政策较上年更差的仅有2%（见图9.1.2）。

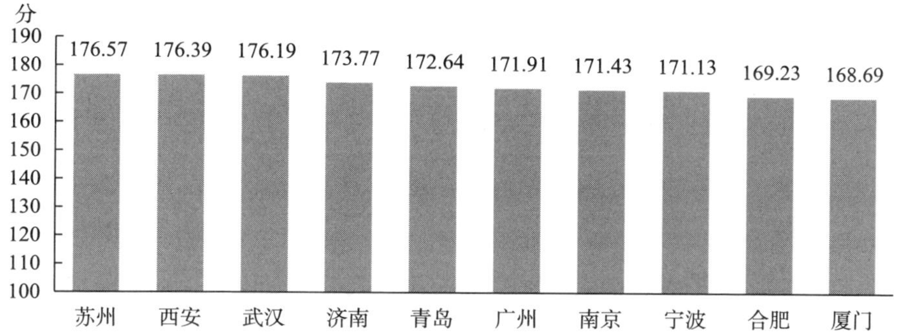

图9.1.1　2022年度36个金融中心城市科创金融政策综合支持调查评分前十城市

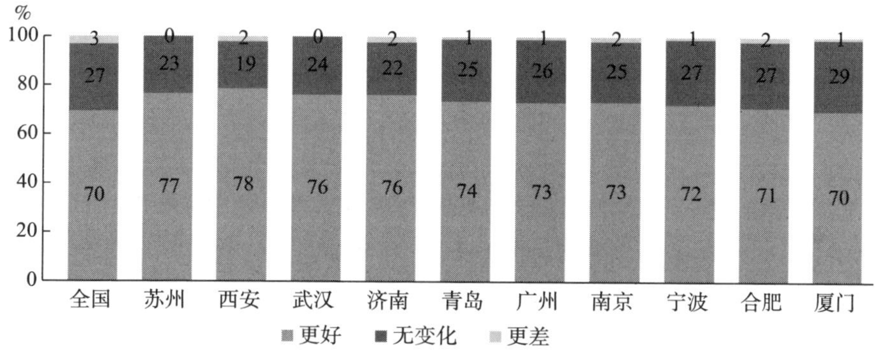

图9.1.2　2022年科创型企业就当前科创产业支持政策较上年变化的评估

值得注意的是，不同城市科创型企业就自身获得政府补贴支持情况的评估方面则存在较大差异。例如，认为科创产业支持政策较上年有较大改善的西安，仅有23%的受访科创型企业表示能经常获得政府补贴，有69%的受访科创型企业偶尔能获得政府补贴。苏州将近一半受访科创型企业（48%）能经常获得政府补贴，仅有3%的受访企业表示从未获得政府补贴。从整体受访情况看，多数城市科创型企业能经常获得政府补贴比例并不高（见图9.1.3）。

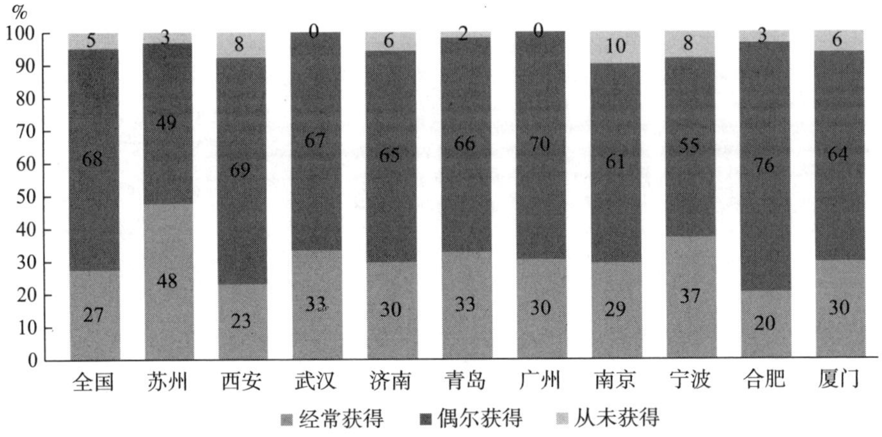

图 9.1.3　2022 年科创型企业就自身获得政府补贴支持情况的评估

9.2　政府引导基金发展调查分析

对 36 个金融中心城市本地金融机构的问卷调查统计显示，2022 年度金融机构对政府引导基金发展评估处于景气状态（评分高于 100）的共有 36 个城市，其中评分较高的前十城市依次是深圳、济南、南京、杭州、广州、北京、青岛、福州、上海和武汉（见图 9.2.1）。

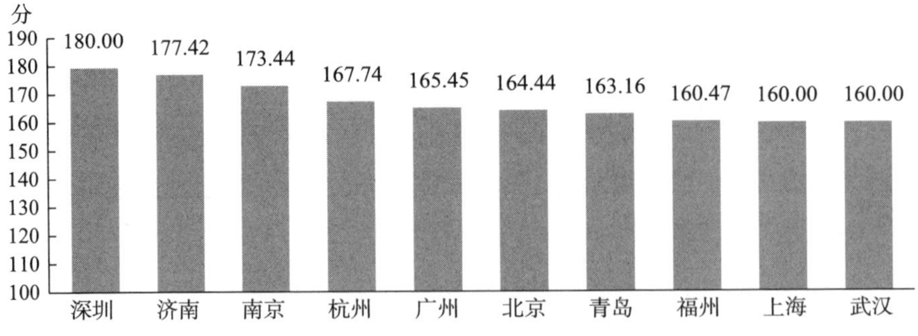

图 9.2.1　2022 年度 36 个金融中心城市政府引导基金发展调查评分前十城市

从受访金融中介机构对本地政府引导基金发展的评估结果来看，排名前十城市的金融机构对本地政府引导基金发展普遍持正面积极态度。其中，深圳有 80% 的受访金融中介机构认为本地政府引导基金发展比较好，另有 20% 的受访金融中介机构认为本地政府引导基金发展一般。济南有 78% 的受访金融中介机构认为本地政府引导基金发展较好，认为发展比较差的仅占 1%。整体而言，排名前十城市的受访金融中介机构对本地政府引导基金的满意程度均高于全国平均水平（见图 9. 2. 2）。

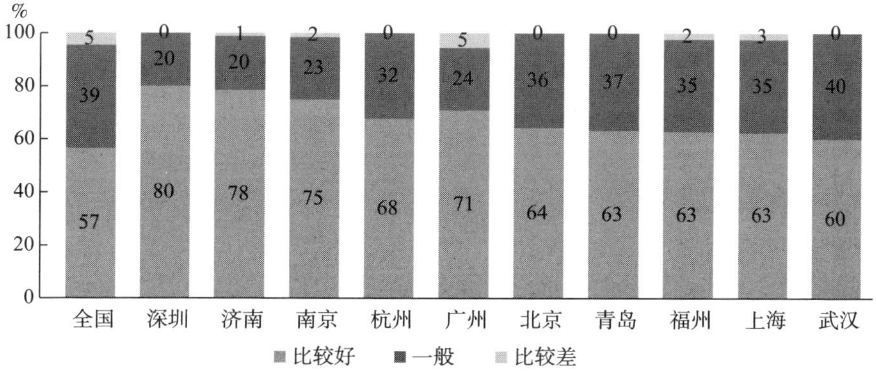

图 9. 2. 2　2022 年金融中介机构对本地政府引导基金发展情况的评价

9. 3　政府性融资担保发展调查分析

对 36 个金融中心城市本地科创型企业及金融中介机构的问卷调查统计显示，2022 年度政府性融资担保机构发展评估处于景气状态（评分高于 100）的有 36 个城市，其中评分较高的前十城市依次是广州、南昌、重庆、合肥、昆明、深圳、太原、贵阳、福州和宁波（见图 9. 3. 1）。

从科创型企业就自身与本地政府性融资担保的合作情况评估结果来看，前十城市的受访科创型企业普遍持正面积极态度。其中，昆明、贵阳受访科创型企业中有 59% 了解并获得过政府性融资担保支持。广州、南昌、重庆有 58% 的受访科创型企业了解并获得过政府性融资担保支持。宁波仅有 35% 的受访科创型企业了解并获得过政府性融资担保支持，同时有 36% 的受访科创型企业不了解政府性融资担保业务（见图 9. 3. 2）。

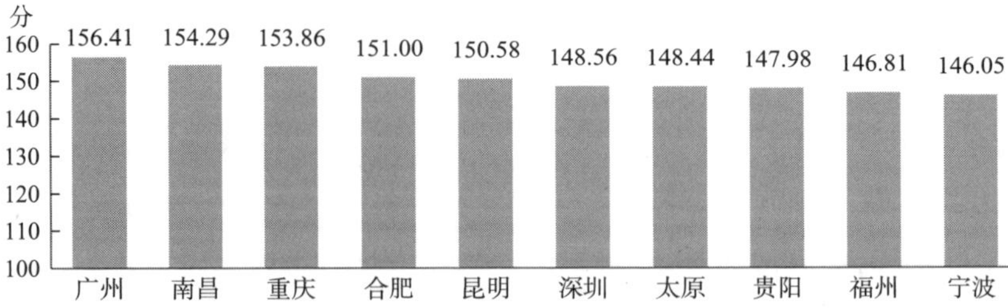

图 9.3.1　2022 年度 36 个金融中心城市政府性融资担保机构发展调查评分前十城市

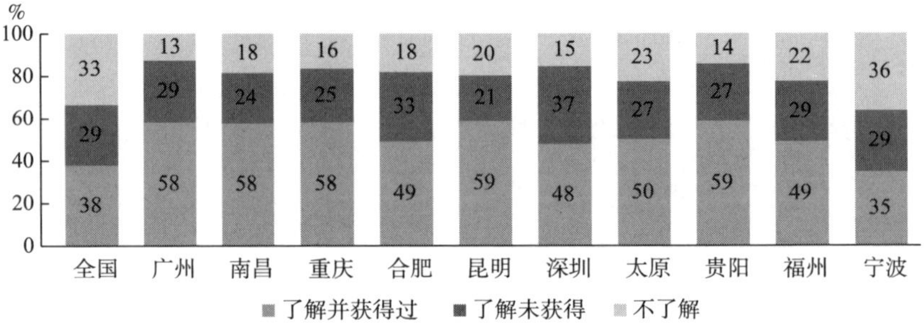

图 9.3.2　2022 年科创型企业就自身与本地政府性融资担保的合作情况评估

从金融中介机构就自身与本地政府性融资担保的合作情况评估结果来看，前十城市的受访金融中介机构对本地政府性融资担保合作情况呈现较大差异。其中，广州、昆明、深圳分别有 54%、57%、58% 的受访金融中介机构与本地政府融资担保已建立合作关系并已开展合作，而南昌、重庆的受访金融中介机构仅有 31% 和 28% 的机构与本地政府性融资担保已建立合作关系并已开展合作，同时有 59% 和 60% 的金融中介机构虽然与本地政府性融资担保建立了关系，但尚未开展合作（见图 9.3.3）。

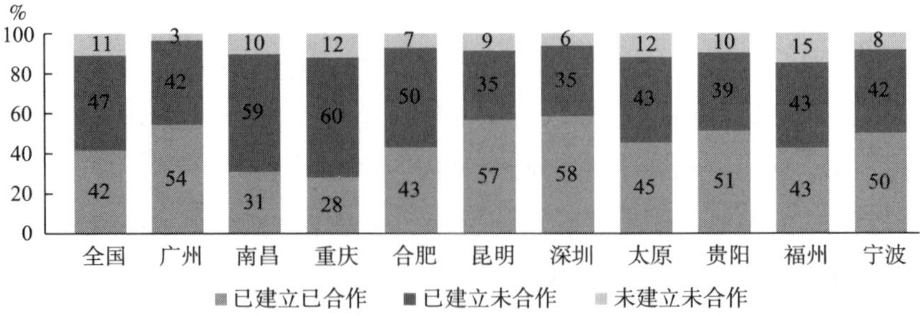

图 9.3.3　2022 年金融中介机构就自身与本地政府性融资担保的合作情况评估

9.4 科技保险发展情况调查分析

对36个金融中心城市的问卷调查统计显示，2022年度科技保险渗透评估处于景气状态（评分高于100）的共35个城市，其中评分相对较高的前十城市依次是深圳、广州、昆明、济南、长春、杭州、上海、宁波、贵阳和天津（见图9.4.1）。

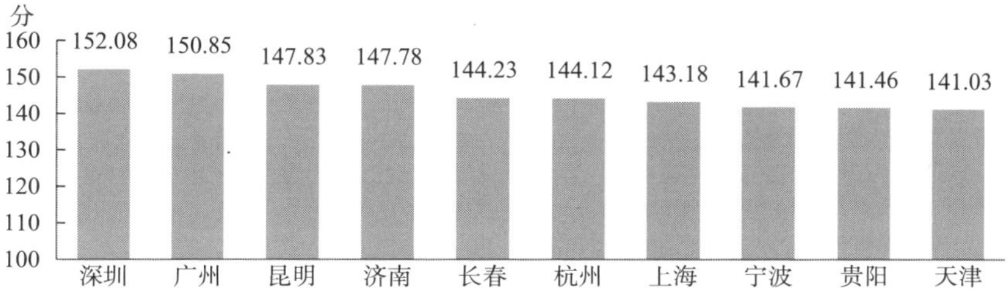

图9.4.1 2022年度36个金融中心城市科技保险业务发展调查评分前十城市

从科创型企业就自身与科技保险业务的合作关联情况的评估结果来看，前十城市的科创型企业科技保险业务渗透情况各有差异。其中，广州、昆明、济南和贵阳的受访科创型企业了解并已购买科技保险的比例均超过50%，不了解科技保险的企业占比均不超过20%。相比其他城市，杭州和宁波的受访科创型企业对科技保险的了解和接受程度相对较低，其中，仅有34%的杭州受访科创型企业了解和购买了科技保险，没有购买科技保险的企业数量占比达到66%（见图9.4.2）。

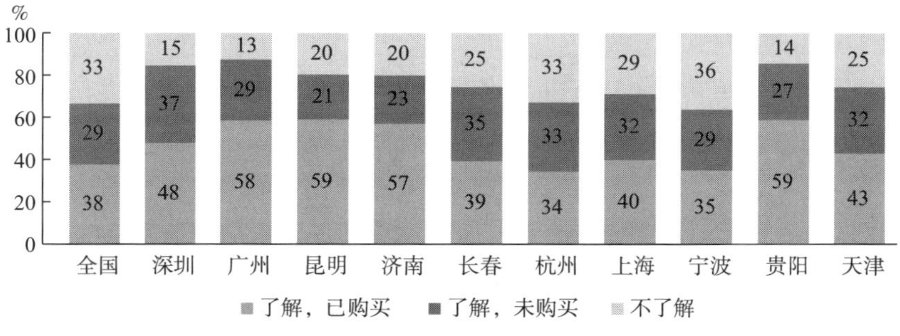

图9.4.2 2022年科创型企业就自身与科技保险业务的合作关联情况评估

从金融中介机构就自身与科技保险业务的合作关联情况的评估结果来看，前十城市的金融中介机构普遍对科技保险业务的发展持积极态度。其中，深圳有58%的受访金融中介机构认为本地科技保险业务发展比较好，仅有6%认为本地科技保险业务发展比较差。除上海和天津外，其他城市受访金融中介机构认为本地科技保险业务发展比较好的比例均达到或超过了50%（见图9.4.3）。

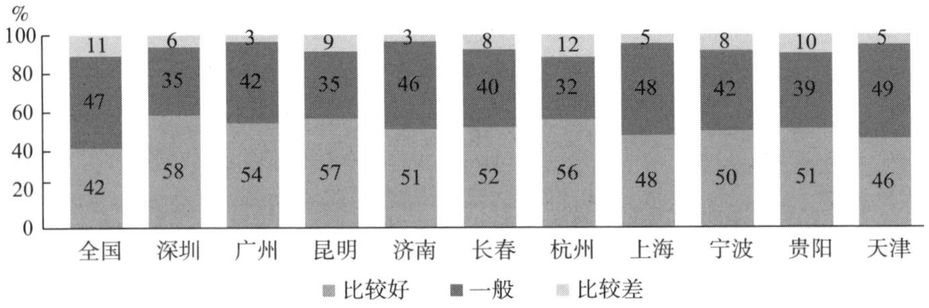

图9.4.3　2022年金融中介机构就自身与科技保险业务的合作关联情况评估

9.5　综合金融服务平台发展调查分析

对36个金融中心城市本地科创型企业与金融中介机构的问卷调查统计显示，2022年度本地综合金融服务平台发展评估处于景气状态（评分高于100）的共36个城市，其中评分相对较高的前十城市依次是杭州、温州、苏州、武汉、大连、南京、青岛、南昌、无锡和成都（见图9.5.1）。

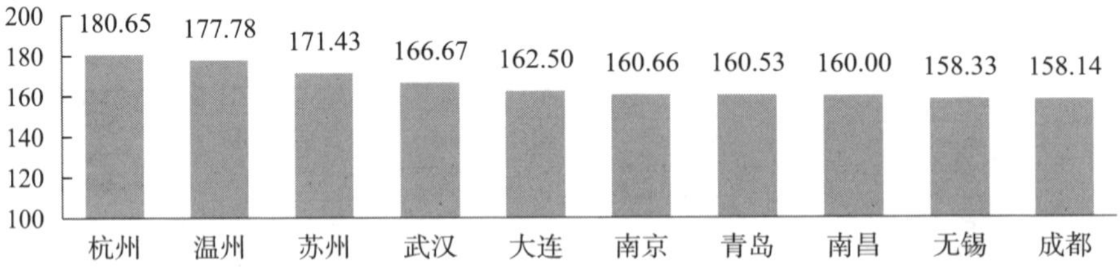

图9.5.1　2022年度36个金融中心城市综合金融服务平台发展调查评分前十城市

从科创型企业就本地综合金融服务平台合作关联情况的评估结果来看，

前十城市的科创型企业普遍对本地综合金融服务平台搭建持积极正面态度。其中，温州、武汉、南昌有70%及以上的受访科创型企业已享受过本地综合金融服务平台的相关服务。相比而言，无锡的科创型企业对本地综合金融服务平台搭建的评价相对较低，仅有41%的受访科创型企业享受过综合金融服务平台服务，而不清楚本地综合金融服务平台的企业数量占比也达到24%（见图9.5.2）。

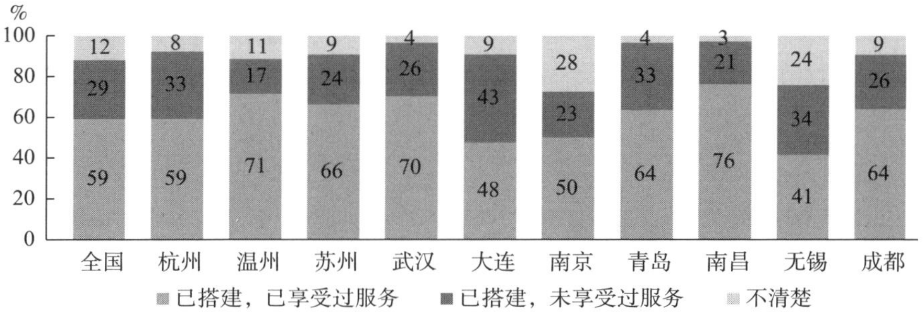

图9.5.2 2022年科创型企业就本地综合金融服务平台合作关联情况评估

从金融中介机构就本地综合金融服务平台合作关联情况的评估结果来看，前十城市的金融中介机构普遍对本地综合金融服务平台搭建持积极正面态度。其中，评价最高的是杭州，有81%的受访金融中介机构表示本地已搭建综合金融服务平台，且机构也与其开展合作，仅有19%的受访金融中介机构未与金融服务平台合作。与科创型企业的调查问卷结果类似，无锡金融中介机构对本地综合金融服务平台合作情况评价相对较低，仅有58%的受访金融中介机构与金融服务平台开展了合作（见图9.5.3）。

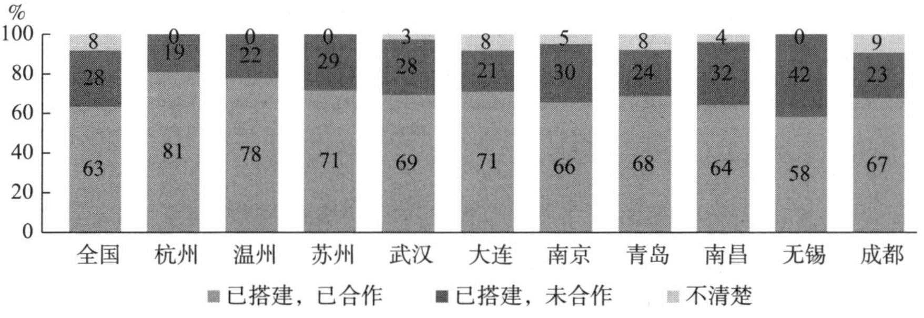

图9.5.3 2022年金融中介机构就本地综合金融服务平台合作关联情况评估

9.6 国家级创新载体发展情况分析

整体来看，2022 年我国每百万人拥有国家级创新载体数达到 2.74 家，较上年提高 0.02 家，维持上升势头。36 个金融中心城市中，大部分城市每百万人拥有国家级创新载体数较上年实现了提升，仅 3 个城市维持不变或略微降低。36 个金融中心城市每百万人拥有国家级创新载体数平均达到了 5.29 家，高出同期全国水平 2.55 家。

2022 年每百万人拥有国家级创新载体数最多的前十城市依次是杭州、南京、苏州、北京、厦门、青岛、兰州、天津、深圳和武汉。其中，杭州和南京每百万人国家级创新载体数超过 10 家，分别达到了 11.39 家和 11.04 家；其他 8 个城市均超过 7 家（见图 9.6.1）。

2022 年，全国新增国家级创新载体共计 28 家，总数达到 3866 家，其中国家级众创空间 2441 家，国家级科技孵化器 1425 家。36 个金融中心城市集中了超过半数的国家级创新载体，总数达到了 2121 家，占全国比重为 54.86%。其中，国家级众创空间 1296 家，国家级科技孵化器 825 家，占全国比重分别为 53.09% 和 57.89%。

2022 年，36 个金融中心城市拥有国家级创新载体数量均实现了增长或保持不变。拥有国家级创新载体数量较多的前十城市依次是北京、杭州、上海、深圳、苏州、南京、广州、天津、武汉和西安。其中，北京是唯一的国家级创新载体数量超过 300 家的城市，达到 363 家；另有杭州、上海、深圳、苏州 4 个城市超过 200 家；其他 5 个城市均超过 150 家。2022 年 36 个金融中心城市中拥有的国家级创新载体数量前十如图 9.6.2 所示。

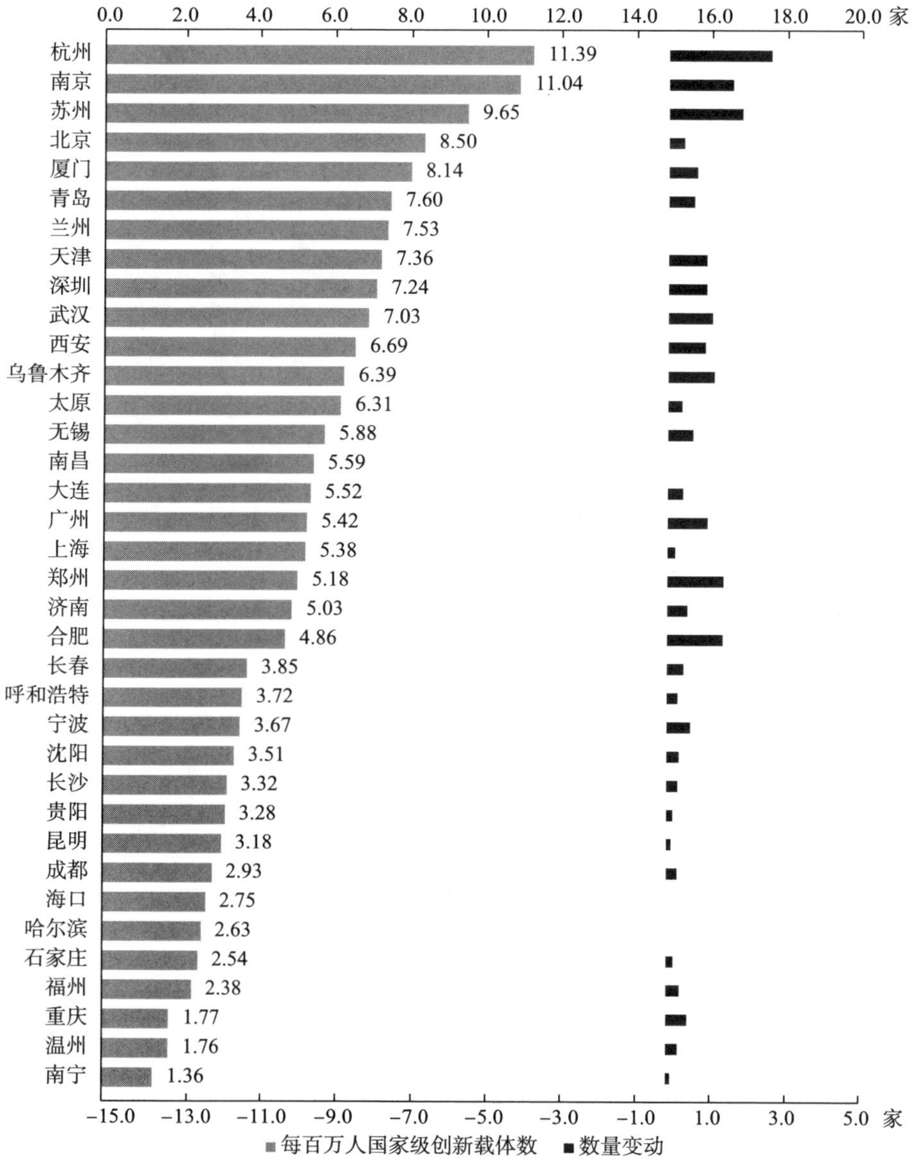

图 9.6.1　2022 年 36 个金融中心城市每百万人拥有国家级创新载体数量排行

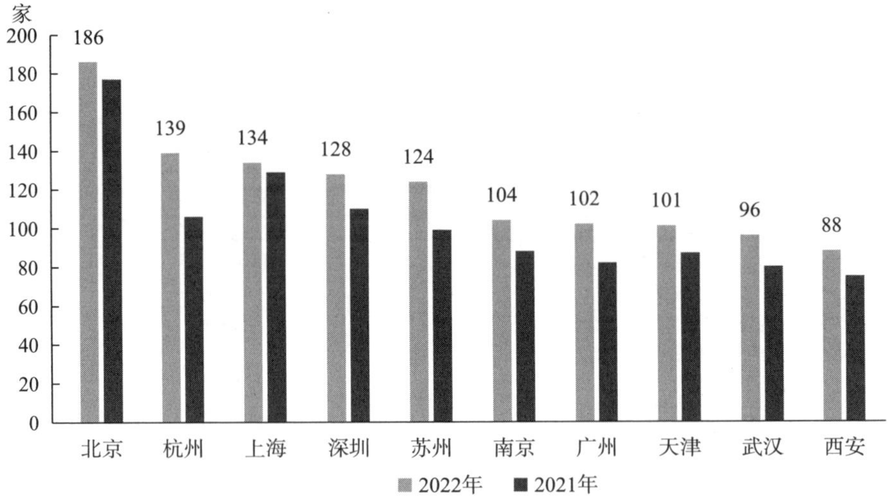

图 9.6.2　2022 年 36 个金融中心城市中拥有国家级创新载体数量前十

9.7　科创金融创新氛围及未来潜力调查分析

对 36 个金融中心城市本地科创型企业与金融中介机构的问卷调查统计显示，2022 年度地方科创金融创新氛围评估处于景气状态（评分高于 100）的共 36 个城市，其中评分相对较高的前十城市依次是济南、深圳、武汉、温州、无锡、南京、杭州、福州、苏州和青岛（见图 9.7.1）。

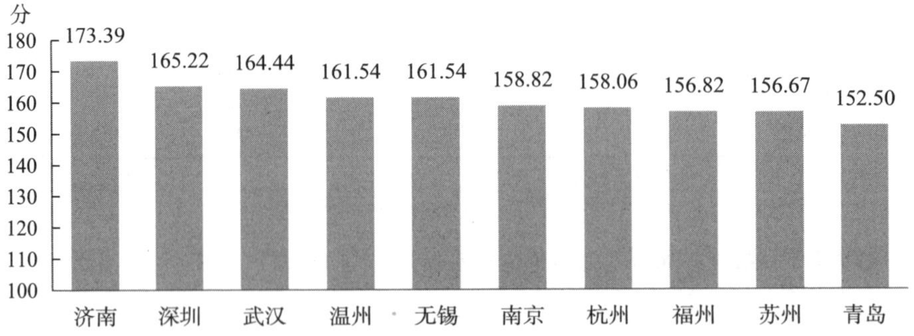

图 9.7.1　2022 年度 36 个金融中心城市地方科创金融创新氛围调查评分前十城市

从科创型企业和金融中介机构对本地科创金融创新氛围的评估结果来看，前十城市的科创型企业和金融中介机构普遍对本地科创金融创新氛围持积极正面态度。其中，济南有高达 74% 的受访科创型企业和金融中介机构认为本地科创金融创新氛围较高，仅有 1% 的受访科创型企业和金融中介机构认为本地科创金融创新氛围比较低。武汉、温州、无锡、苏州的受访科创型企业和金融中介机构对于本地科创金融创新氛围的评价也比较高，没有科创型企业或金融中介机构认为科创金融创新氛围低，反映各地在营造科创金融创新环境方面做出了积极努力（见图 9.7.2）。

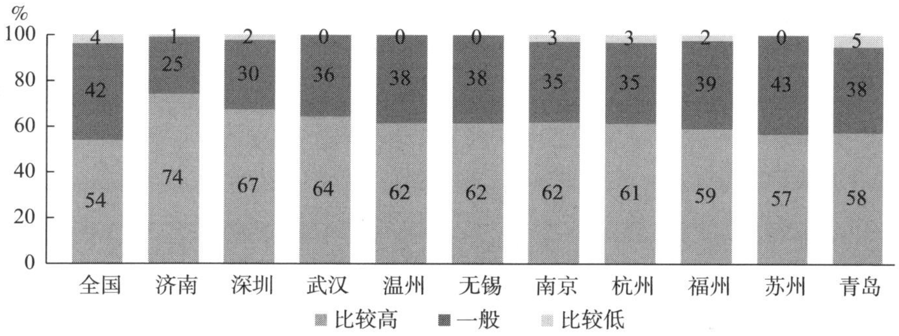

图 9.7.2　2022 年科创型企业和金融中介机构对本地科创金融创新氛围的评估

从金融中介机构角度来看，影响各金融中心城市科创金融产品创新的因素各不相同。其中，济南、福州、苏州和青岛有超过 50% 的受访金融中介机构认为影响科创金融产品创新的主要因素是机构权限不足；而深圳、武汉、无锡、杭州等城市的受访金融机构则认为创新风险高是影响科创金融产品创新的主要因素，选择此项的机构占比均超过 60%。整体而言，认为政府支持力度不高的城市相对较少，主要来自深圳（46%）、无锡（46%）和福州（48%）（见图 9.7.3）。

从金融中介机构就服务科创型企业的难点来看，各金融中心城市也出现了较大差异。以济南为例，受访金融中介机构认为突出的两大难点分别是企业缺少抵押担保物（46%）、对企业发展前景看不清楚（51%）。深圳的受访金融中介机构则认为突出的两大难点分别是服务风险大（61%）和服务成本高（54%）。无锡的受访金融中介机构认为突出的两大难点分别是对企业发展前景看不清楚和服务成本高，选项占比均为62%（见图9.7.4）。

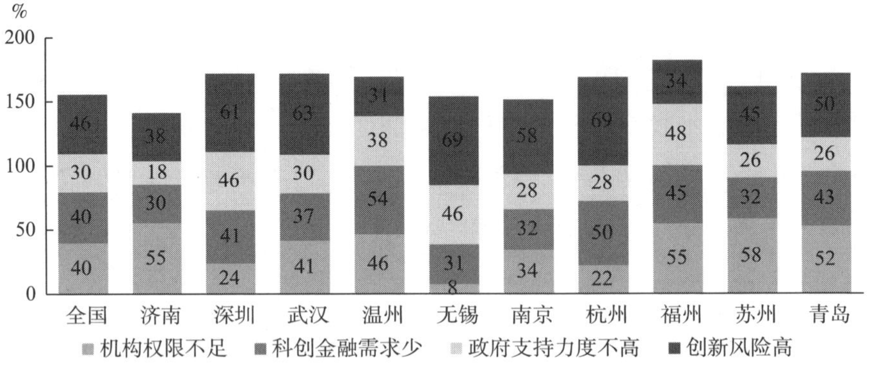

图9.7.3　2022年金融中介机构就科创金融产品创新的主要影响因素评估

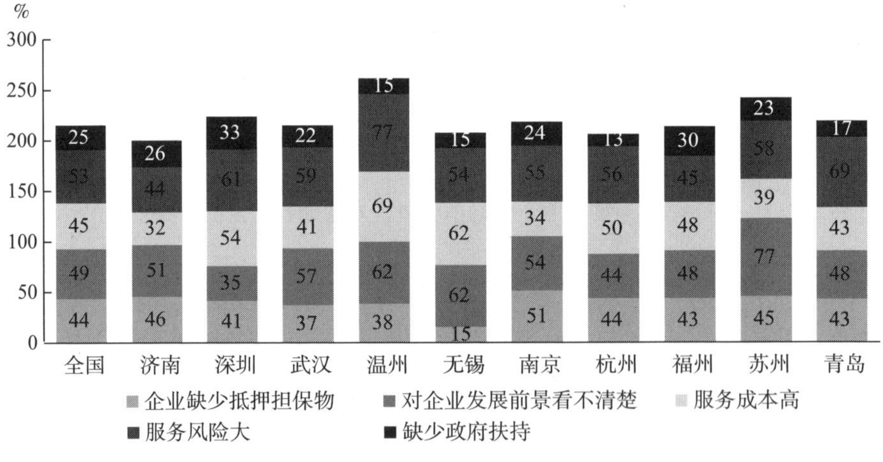

图9.7.4　2022年金融中介机构就服务科创型企业的难点因素评估

对36个金融中心城市本地科创型企业与金融中介机构的问卷调查统计显示，2022年度地方科创金融创新潜力评估处于景气状态（评分高于100）的共有36个城市，其中评分相对较高的前十城市依次是南京、深圳、济南、广州、苏州、青岛、宁波、武汉、西安和上海（见图9.7.5）。

从科创型企业和金融中介机构对本地科创金融创新氛围的评估结果来看，

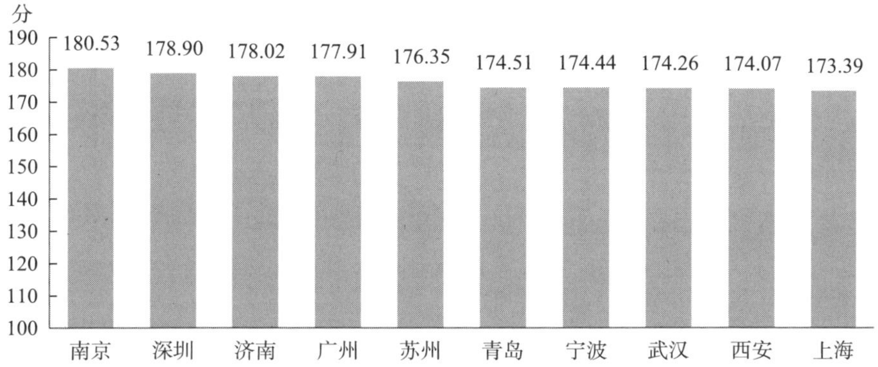

图 9.7.5　2022 年度 36 个金融中心城市地方科创金融创新潜力调查评分前十城市

前十城市的科创型企业和金融中介机构普遍对本地科创金融发展潜力持积极正面态度。其中，南京、深圳、济南和广州有超过 80% 的受访科创型企业和金融中介机构认为本地科创金融发展潜力比较高，其余城市认为本地科创金融发展潜力比较高的企业和金融中介机构占比均超过了 70%（见图 9.7.6）。这反映多数金融中心城市认可政府在推动科创金融环境建设方面取得的成绩，对未来科创金融发展充满信心。

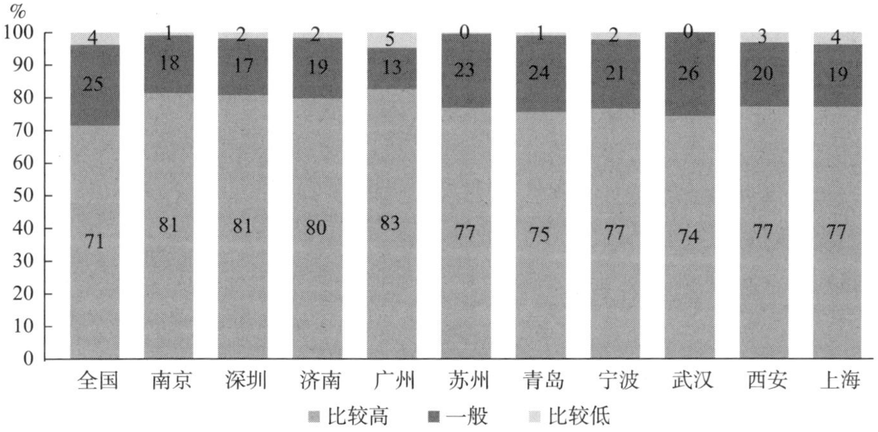

图 9.7.6　2022 年科创型企业和金融中介机构对本地科创金融发展潜力的评估

从科创型企业和金融中介机构对本地科创金融发展主要优势评估来看，各金融中心城市的评估结果相差并不大，多数城市认为金融产业基础好、金融机构创新活跃、金融人才丰富和政府支持政策给力是较关键的优势。其中，金融产业基础好被许多城市的科创型企业和金融中介机构认为是最重要的因素，例如南京（64%）、深圳（64%）、广州（63%）、苏州（68%）、上海（65%）；其次是金融人才丰富，例如深圳（57%）、广州（64%）、青岛（57%）和上海（61%）。相比之下，区位优势明显这一点在各金融中心城市的优势评估中并不明显，多数城市的科创型企业和金融中介机构认为此因素重要的占比在40%以下（见图9.7.7）。

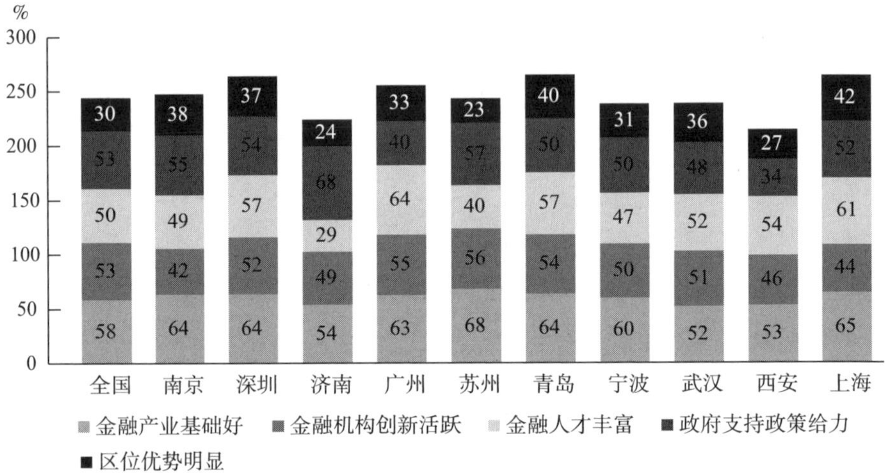

图9.7.7　2022年本地科创金融发展主要优势评估

第 10 章　主要城市科创金融景气度画像

为跟踪研究各地科创金融最新发展情况，在本章中选取本期科创金融综合景气度排名前二十的城市进行全方位分析展示，以期为地方科创金融改革试验探索提供参考借鉴。

10. 1　深圳

深圳科创金融景气度与 36 个金融中心城市的均值水平比较如图 10. 1. 1 所示。

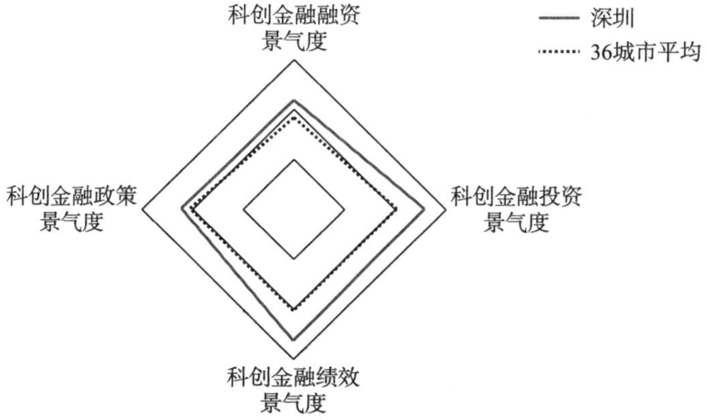

图 10. 1. 1　2022 年深圳科创金融景气度与 36 个金融中心城市均值水平比较

2022 年深圳地区生产总值为 32388 亿元，2021 年金融业增加值为 4738.8 亿元（在 36 个金融中心城市中排名第 3），占当年 GDP 比重达到了 15.5%（在 36 个金融中心城市中排名第 4）。本期深圳科创金融综合景气度指数为 120.72，在 36 个金融中心城市中排名第 1，景气水平大幅高于 100 中性值，科创金融发展总体处于较为景气的状态。

从综合景气度评分构成来看，深圳科创金融在各分项景气度方面均表现较好，处于景气状态，且各分项排名均在 36 个金融中心城市中靠前，融资景气度、投资景气度、绩效景气度和政策景气度分别排名第 3、第 1、第 2 和第 1，各分项发展活跃度均较高（见表 10.1.1）。

表 10.1.1　2022 年深圳科创金融景气度分项排名情况

科创金融综合景气度构成	指数得分	指数排名
科创金融融资景气度	108.87	3
科创金融投资景气度	129.42	1
科创金融绩效景气度	132.97	2
科创金融政策景气度	111.63	1

从具体指标构成来看，深圳普惠小微企业贷款发放表现较好，比重达到了 15.62%，排在第 3 位。单位 GDP 科创型企业直接融资增量达到了 1.05%，同样位居第 3。金融机构专项科创融资供给充足，科创型企业未来融资扩大意愿强，体现科创型企业在深圳的蓬勃生机，这两项指标均位居全国前 2。全社会研发投入强度、科创型企业研发扩大意愿和科创型企业投资扩大意愿均排在全国前 5，表明整个社会进行科技创新意愿较强。科创产业发展基础和发展潜力评价得分均排在全国第 1，显著优于国内均值水平。在企业经营绩效方面，单位 GDP 高新技术企业数达到了 0.88 家/亿元，排第 2；单位 GDP 国家级“小巨人”企业数达到了 1.33 家/百亿元，排第 5；单位 GDP 科创型企业上市数达到了 4.17 家/千亿元，排名第 1；单位 GDP 科创型企业总市值达到了 50.23%，同样位居第 1，体现了深圳科创型企业发展呈良好态势。在单位人口新增发明专利授权量、政府引导基金发展情况和科技保险渗透情况等方面也具有明显优

势。不过，在综合金融服务平台发展情况分项表现上评分低于国内均值，排在第 31 位（见表 10.1.2）。

表 10.1.2　2022 年深圳科创金融景气度主要指标排名

一级指标	二级指标	单位	年份	国内均值	深圳	排名
融资景气度	普惠小微企业贷款余额占全部比重	%	2021	9.69	15.62	3
	单位 GDP 科创型企业直接融资增量	%	2022	0.67	1.05	3
	科创型企业当前融资便利度	分	2022	98.68	99.88	17
	科创型企业当前融资成本优化水平	分	2022	80.46	86.16	11
	金融机构专项科创融资供给情况	分	2022	135.50	163.46	2
	科创型企业未来融资扩大意愿	分	2022	142.20	161.29	1
投资景气度	全社会研发投入强度	%	2021	2.42	5.49	2
	科创型企业研发扩大意愿	分	2022	167.18	185.94	2
	科创型企业投资扩大意愿	分	2022	124.05	138.10	5
	私募股权投资规模与 GDP 之比	%	2022	0.57	5.94	4
	私募股权投资需求扩张趋势	分	2022	148.17	152.50	13
	财政科技支出占比	%	2022	3.85	10.28	2
绩效景气度	科创产业发展基础评价	分	2022	150.81	190.57	1
	科创产业发展潜力评价	分	2022	164.69	183.76	1
	单位 GDP 高新技术企业数	家/亿元	2022	0.28	0.88	2
	单位 GDP 国家级“小巨人”企业数	家/百亿元	2022	0.74	1.33	5
	单位 GDP 科创型企业上市数	家/千亿元	2022	0.91	4.17	1
	单位 GDP 科创型企业总市值	%	2022	10.10	50.23	1
	单位人口 SCI 论文发表数	篇/万人	2022	5.52	21.01	18
	单位人口新增发明专利授权量	件/万人	2022	5.65	29.50	3
政策景气度	科创金融政策支持力度	分	2022	163.61	168.42	13
	政府引导基金发展情况	分	2022	150.07	180.00	1
	获得政府性融资担保服务情况	分	2022	139.84	148.56	8
	科技保险渗透情况	分	2022	129.84	152.08	1
	综合金融服务平台发展情况	分	2022	157.59	143.18	31
	单位人口国家级创新载体数	家/百万人	2022	2.40	7.24	9
	本地科创金融创新氛围	分	2022	150.05	165.22	2
	本地科创金融发展潜力	分	2022	165.28	178.90	2

10.2 北京

北京科创金融景气度与36个金融中心城市的均值水平比较如图10.2.1所示。

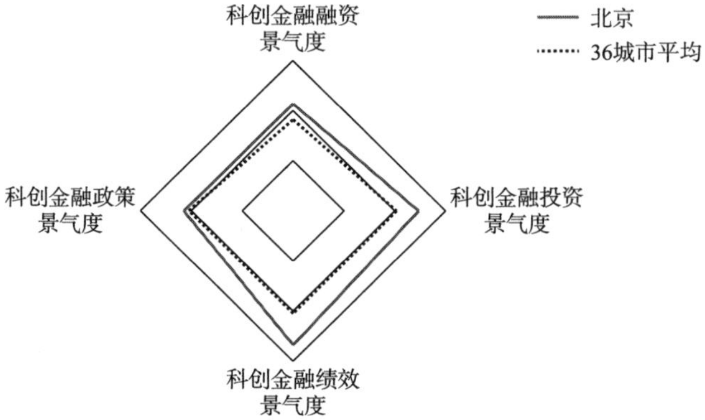

图10.2.1 2022年北京科创金融景气度与36个金融中心城市均值水平比较

2022年北京地区生产总值为41611亿元，2021年金融业增加值为7603.7亿元（在36个金融中心城市中排名第2），占当年GDP比重达到了18.9%（在36个金融中心城市中排名第1）。本期北京科创金融综合景气度指数为118.44，在36个金融中心城市中排名第2，景气水平高于100中性值，科创金融发展总体处于相对较为景气的状态。

从综合景气度评分构成来看，北京科创金融在各个方面都表现较好，均处于景气状态，其中投资景气度和绩效景气度较为突出，分别排在36个金融中心城市中的第2位和第1位。政策景气度和融资景气度排名略低于综合景气度排名，具有提升空间（见表10.2.1）。

表10.2.1 2022年北京科创金融景气度分项排名情况

科创金融综合景气度构成	指数得分	指数排名
科创金融融资景气度	107.17	5
科创金融投资景气度	123.88	2
科创金融绩效景气度	134.49	1
科创金融政策景气度	108.25	7

从具体指标构成来看，北京在单位GDP科创型企业直接融资增量方面具有显著优势，其增量达到了1.32%，指标值排名同期第2位；全社会研发投入强度高于全国均值，约为国内均值的2.7倍，排在第1位；私募股权投资规模较大，私募股权投资规模与GDP之比为9.08%，约是同期全国平均水平的16.0倍，指标值排名第2位；科创企业相关指标表现突出，整体呈现数量多、市值高、创新强的特点，2022年单位GDP高新技术企业数达0.89家/亿元，单位GDP科创型企业上市数为3.65家/千亿元，单位GDP科创型企业总市值为41.27%，单位人口SCI论文发表数为81.62篇/万人，单位人口新增发明专利授权量为40.26件/万人，分别排在36个金融中心城市的第1位、第2位、第3位、第1位和第1位；在政府引导基金发展情况、单位人口国家级创新载体数等方面也具有一定优势。除此之外，其他相关指标基本略优于全国或同期36个金融中心城市平均水平（见表10.2.2）。

表10.2.2　2022年北京科创金融景气度主要指标排名

一级指标	二级指标	单位	年份	国内均值	北京	排名
融资景气度	普惠小微企业贷款余额占全部比重	%	2021	9.69	7.16	16
	单位GDP科创型企业直接融资增量	%	2022	0.67	1.32	2
	科创型企业当前融资便利度	分	2022	98.68	100.58	14
	科创型企业当前融资成本优化水平	分	2022	80.46	60.68	35
	金融机构专项科创融资供给情况	分	2022	135.50	136.17	20
	科创型企业未来融资扩大意愿	分	2022	142.20	145.76	14
投资景气度	全社会研发投入强度	%	2021	2.42	6.53	1
	科创型企业研发扩大意愿	分	2022	167.18	150.00	35
	科创型企业投资扩大意愿	分	2022	124.05	129.51	13
	私募股权投资规模与GDP之比	%	2022	0.57	9.08	2
	私募股权投资需求扩张趋势	分	2022	148.17	151.16	15
	财政科技支出占比	%	2022	3.85	5.61	11
绩效景气度	科创产业发展基础评价	分	2022	150.81	165.96	10
	科创产业发展潜力评价	分	2022	164.69	170.37	10
	单位GDP高新技术企业数	家/亿元	2022	0.28	0.89	1
	单位GDP国家级“小巨人”企业数	家/百亿元	2022	0.74	1.40	4
	单位GDP科创型企业上市数	家/千亿元	2022	0.91	3.65	2
	单位GDP科创型企业总市值	%	2022	10.10	41.27	3
	单位人口SCI论文发表数	篇/万人	2022	5.52	81.62	1
	单位人口新增发明专利授权量	件/万人	2022	5.65	40.26	1

续表

一级指标	二级指标	单位	年份	国内均值	北京	排名
政策景气度	科创金融政策支持力度	分	2022	163. 61	168. 22	15
	政府引导基金发展情况	分	2022	150. 07	164. 44	6
	获得政府性融资担保服务情况	分	2022	139. 84	139. 35	20
	科技保险渗透情况	分	2022	129. 84	140. 43	11
	综合金融服务平台发展情况	分	2022	157. 59	155. 56	23
	单位人口国家级创新载体数	家/百万人	2022	2. 40	8. 50	4
	本地科创金融创新氛围	分	2022	150. 05	143. 18	26
	本地科创金融发展潜力	分	2022	165. 28	169. 52	13

10. 3　杭州

杭州科创金融景气度与 36 个金融中心城市的均值水平比较如图 10. 3. 1 所示。

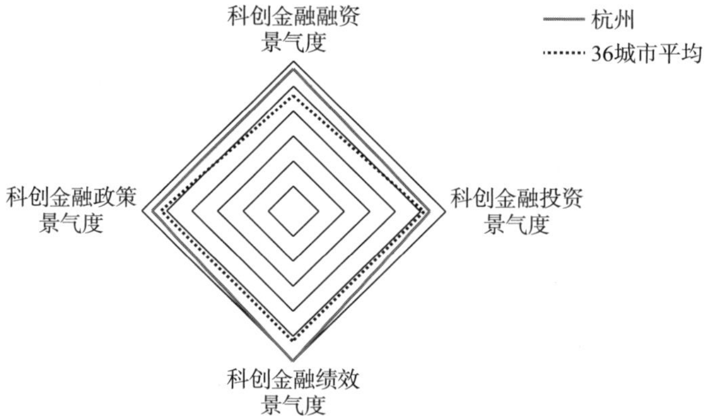

图 10. 3. 1　2022 年杭州科创金融景气度与 36 个金融中心城市均值水平比较

2022 年杭州地区生产总值为 18753 亿元，2021 年金融业增加值为 2189. 0 亿元（在 36 个金融中心城市中排名第 7），占当年 GDP 比重达到了 12. 1%（在 36 个金融中心城市中排名第 10）。本期杭州科创金融综合景气度指数为 112. 00，在 36 个金融中心城市中排名第 3，景气水平大幅高于 100 中性值，科创金融发展总体处于相对较景气的状态。

从综合景气度评分构成来看，杭州科创金融在各分项景气度方面均表现较好，处于景气状态，其中融资景气度、投资景气度、绩效景气度和政策景气度分别排名第2位、第6位、第4位和第5位，各项景气度均位居36个金融中心城市前列（见表10.3.1）。

表10.3.1　2022年杭州科创金融景气度分项排名情况

科创金融综合景气度构成	指数得分	指数排名
科创金融融资景气度	112.54	2
科创金融投资景气度	106.52	6
科创金融绩效景气度	118.69	4
科创金融政策景气度	110.26	5

从具体指标构成来看，杭州在普惠小微企业贷款余额、单位GDP科创型企业直接融资增量和金融机构专项科创融资供给情况方面均优于同期36个金融中心城市平均水平，指标值分别排名第5位、第5位和第3位，说明杭州科创融资供给情况整体尚佳；全社会研发投入强度达到了3.60%，超过国内均值1.18个百分点，排在第7位；私募股权投资规模与GDP之比是国内均值的8.4倍，排在第6位；财政科技支出占比较高，达到了8.17%，排在第4位；科技产业发展基础较好，评价得分为181.08分，排在第2位；在科创型企业发展和技术创新这方面表现较好，单位GDP高新技术企业数、单位GDP科创型企业上市数、单位人口新增发明专利授权量等均位于36个金融中心城市前列；在综合金融服务平台发展、单位人口国家级创新载体数等方面也具有明显优势，均排在第1位。除此之外，在科创型企业当前融资便利度、科创型企业研发扩大意愿和获得政府性融资担保服务情况相关指标方面低于平均水平（见表10.3.2）。

表10.3.2　2022年杭州科创金融景气度主要指标排名

一级指标	二级指标	单位	年份	国内均值	杭州	排名
融资景气度	普惠小微企业贷款余额占全部比重	%	2021	9.69	11.82	5
	单位GDP科创型企业直接融资增量	%	2022	0.67	0.75	5
	科创型企业当前融资便利度	分	2022	98.68	87.25	31
	科创型企业当前融资成本优化水平	分	2022	80.46	75.98	19
	金融机构专项科创融资供给情况	分	2022	135.50	155.56	3
	科创型企业未来融资扩大意愿	分	2022	142.20	142.86	17

续表

一级指标	二级指标	单位	年份	国内均值	杭州	排名
投资景气度	全社会研发投入强度	%	2021	2.42	3.60	7
	科创型企业研发扩大意愿	分	2022	167.18	164.29	24
	科创型企业投资扩大意愿	分	2022	124.05	119.72	22
	私募股权投资规模与 GDP 之比	%	2022	0.57	4.81	6
	私募股权投资需求扩张趋势	分	2022	148.17	135.71	29
	财政科技支出占比	%	2022	3.85	8.17	4
绩效景气度	科创产业发展基础评价	分	2022	150.81	181.08	2
	科创产业发展潜力评价	分	2022	164.69	166.36	16
	单位 GDP 高新技术企业数	家/亿元	2022	0.28	0.73	4
	单位 GDP 国家级“小巨人”企业数	家/百亿元	2022	0.74	1.10	8
	单位 GDP 科创型企业上市数	家/千亿元	2022	0.91	3.04	3
	单位 GDP 科创型企业总市值	%	2022	10.10	23.58	5
	单位人口 SCI 论文发表数	篇/万人	2022	5.52	37.69	5
	单位人口新增发明专利授权量	件/万人	2022	5.65	24.68	4
政策景气度	科创金融政策支持力度	分	2022	163.61	168.27	14
	政府引导基金发展情况	分	2022	150.07	167.74	4
	获得政府性融资担保服务情况	分	2022	139.84	133.52	28
	科技保险渗透情况	分	2022	129.84	144.12	6
	综合金融服务平台发展情况	分	2022	157.59	180.65	1
	单位人口国家级创新载体数	家/百万人	2022	2.40	11.39	1
	本地科创金融创新氛围	分	2022	150.05	158.06	12
	本地科创金融发展潜力	分	2022	165.28	166.99	17

10.4 苏州

苏州科创金融景气度与 36 个金融中心城市的均值水平比较如图 10.4.1 所示。

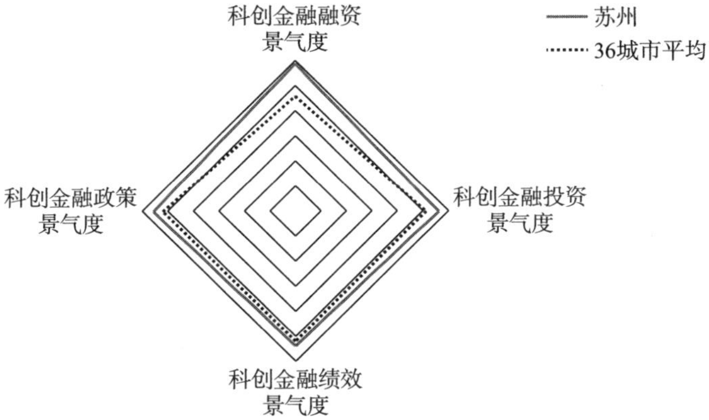

图 10.4.1 2022 年苏州科创金融景气度与 36 个金融中心城市均值水平比较

2022 年苏州地区生产总值为 23958 亿元，2021 年金融业增加值为 1970.9 亿元（在 36 个金融中心城市中排名第 10），占当年 GDP 比重达到了 8.7%（在 36 个金融中心城市中排名第 26）。本期苏州科创金融综合景气度指数为 111.46，在 36 个金融中心城市中排名第 4，景气水平大幅高于 100 中性值，科创金融发展总体处于相对景气的状态。

从综合景气度评分构成来看，苏州科创金融在各分项景气度方面表现较好，均处于景气状态，尤其是融资景气度得分 117.04，排名第 1；其余投资景气度、绩效景气度和政策景气度分别排名第 4、第 11 和第 3，各方面发展活跃度在 36 个金融中心城市中较好（见表 10.4.1）。

表 10.4.1 2022 年苏州科创金融景气度分项排名情况

科创金融综合景气度构成	指数得分	指数排名
科创金融融资景气度	117.04	1
科创金融投资景气度	111.82	4
科创金融绩效景气度	106.55	11
科创金融政策景气度	110.45	3

从具体指标构成来看，苏州在科创型企业当前融资便利度和成本优化水平方面具有明显优势，评分显著高于国内均值水平，指标值均排名第 1 位；

全社会研发投入强度高，多出国内均值 1.38 个百分点，列第 5 位；本地私募股权投资需求扩张趋势明显，指标值排名同期第 5 位；财政科技支出占比较高，达到了 8.93%，高出国内均值 5.08 个百分点，排在第 3 位；科创型企业培育出色，单位 GDP 科创型企业上市数和总市值，分别为 2.75 家/千亿元和 25.27%，均排在第 4 位；科创金融政策支持力度强，排在同期 36 个金融中心城市第 1 位；在地方综合金融服务平台建设、国家级创新载体建设等方面也具有一定优势。不过，在科创型企业未来融资扩大意愿、科创型企业研发扩大意愿、单位 GDP 国家级"小巨人"企业数及每万人 SCI 论文发表数方面略低于全国或同期 36 个金融中心城市平均水平（见表 10.4.2）。

表 10.4.2　2022 年苏州科创金融景气度主要指标排名

一级指标	二级指标	单位	年份	国内均值	苏州	排名
融资景气度	普惠小微企业贷款余额占全部比重	%	2021	9.69	9.67	8
	单位 GDP 科创型企业直接融资增量	%	2022	0.67	0.93	4
	科创型企业当前融资便利度	分	2022	98.68	141.45	1
	科创型企业当前融资成本优化水平	分	2022	80.46	127.88	1
	金融机构专项科创融资供给情况	分	2022	135.50	148.48	10
	科创型企业未来融资扩大意愿	分	2022	142.20	138.07	25
投资景气度	全社会研发投入强度	%	2021	2.42	3.80	5
	科创型企业研发扩大意愿	分	2022	167.18	155.41	32
	科创型企业投资扩大意愿	分	2022	124.05	131.51	10
	私募股权投资规模与 GDP 之比	%	2022	0.57	1.91	19
	私募股权投资需求扩张趋势	分	2022	148.17	166.67	5
	财政科技支出占比	%	2022	3.85	8.93	3
绩效景气度	科创产业发展基础评价	分	2022	150.81	166.67	8
	科创产业发展潜力评价	分	2022	164.69	173.71	8
	单位 GDP 高新技术企业数	家/亿元	2022	0.28	0.56	8
	单位 GDP 国家级"小巨人"企业数	家/百亿元	2022	0.74	0.71	21
	单位 GDP 科创型企业上市数	家/千亿元	2022	0.91	2.75	4
	单位 GDP 科创型企业总市值	%	2022	10.10	25.27	4
	单位人口 SCI 论文发表数	篇/万人	2022	5.52	11.43	29
	单位人口新增发明专利授权量	件/万人	2022	5.65	15.91	6

续表

一级指标	二级指标	单位	年份	国内均值	苏州	排名
政策景气度	科创金融政策支持力度	分	2022	163.61	176.57	1
	政府引导基金发展情况	分	2022	150.07	153.33	17
	获得政府性融资担保服务情况	分	2022	139.84	143.80	14
	科技保险渗透情况	分	2022	129.84	133.33	16
	综合金融服务平台发展情况	分	2022	157.59	171.43	4
	单位人口国家级创新载体数	家/百万人	2022	2.40	9.65	3
	本地科创金融创新氛围	分	2022	150.05	156.67	15
	本地科创金融发展潜力	分	2022	165.28	176.35	5

10.5　上海

上海科创金融景气度与 36 个金融中心城市的均值水平比较如图 10.5.1 所示。

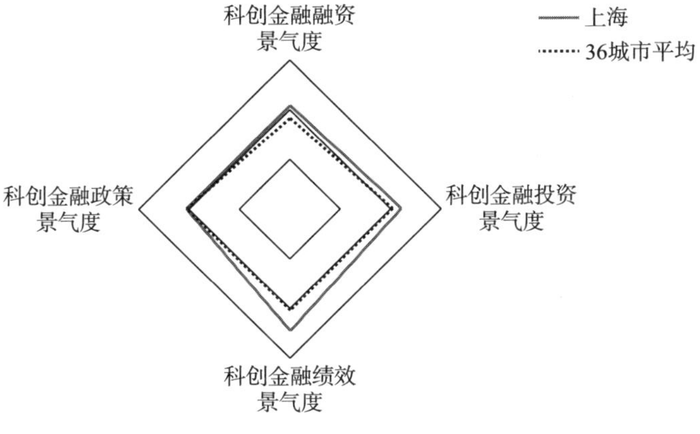

图 10.5.1　2022 年上海科创金融景气度与 36 个金融中心城市均值水平比较

2022 年上海地区生产总值为 44653 亿元，2021 年金融业增加值为 7973.3 亿元（在 36 个金融中心城市中排名第 1），占当年 GDP 比重达到了 18.5%（在 36 个金融中心城市中排名第 2）。本期上海科创金融综合景气度指数为 110.60，在 36 个金融中心城市中排名第 5，景气水平大幅高于 100 中性值，科创金融发展总体处于相对景气的状态。

从综合景气度评分构成来看，上海科创金融在各分项景气度方面均表现较好，处于景气状态，其中融资景气度、投资景气度和绩效景气度排名较为靠前，分别位于第 6、第 5 和第 3。政策景气度排名相对靠后，有待进一步发力（见表 10.5.1）。

表 10.5.1　2022 年上海科创金融景气度分项排名情况

科创金融综合景气度构成	指数得分	指数排名
科创金融融资景气度	104.46	6
科创金融投资景气度	110.79	5
科创金融绩效景气度	123.72	3
科创金融政策景气度	103.44	14

从具体指标构成来看，上海在单位 GDP 科创型企业直接融资增量表现突出，排在 36 个金融中心城市第 1 位；全社会研发投入强度较高，高出国内均值 1.68 个百分点，排在第 4 位；私募股权投资规模较大，其与 GDP 之比是国内均值的 8.7 倍，排在第 5 位；科创产业发展相对较好，基础和潜力评价都位于 36 个金融中心城市前列，分别在第 6 位和第 11 位；单位 GDP 科创型企业上市数和总市值均具有相对优势，分别排在第 5 位和第 2 位。研究创新成果丰富，2022 年每万人发表 SCI 论文达到了 35.54 篇，是同期全国水平的 6.4 倍；每万人新增发明专利授权量达到了 14.78 件，是同期全国水平的 2.6 倍。在政府引导基金发展、科技保险渗透情况等方面具有一定优势。除此之外，科创型企业当前融资便利度、科创型企业未来融资扩大意愿、科创型企业研发扩大意愿和科创型企业投资扩大意愿等方面与上海金融中心城市地位略微不匹配（见表 10.5.2）。

表 10.5.2 2022 年上海科创金融景气度主要指标排名

一级指标	二级指标	单位	年份	国内均值	上海	排名
融资景气度	普惠小微企业贷款余额占全部比重	%	2021	9.69	7.57	13
	单位 GDP 科创型企业直接融资增量	%	2022	0.67	1.97	1
	科创型企业当前融资便利度	分	2022	98.68	90.92	27
	科创型企业当前融资成本优化水平	分	2022	80.46	93.54	9
	金融机构专项科创融资供给情况	分	2022	135.50	139.13	13
	科创型企业未来融资扩大意愿	分	2022	142.20	138.81	22
投资景气度	全社会研发投入强度	%	2021	2.42	4.10	4
	科创型企业研发扩大意愿	分	2022	167.18	154.93	33
	科创型企业投资扩大意愿	分	2022	124.05	117.39	27
	私募股权投资规模与 GDP 之比	%	2022	0.57	4.97	5
	私募股权投资需求扩张趋势	分	2022	148.17	140.54	26
	财政科技支出占比	%	2022	3.85	4.90	14
绩效景气度	科创产业发展基础评价	分	2022	150.81	171.74	6
	科创产业发展潜力评价	分	2022	164.69	170.18	11
	单位 GDP 高新技术企业数	家/亿元	2022	0.28	0.49	12
	单位 GDP 国家级“小巨人”企业数	家/百亿元	2022	0.74	1.10	9
	单位 GDP 科创型企业上市数	家/千亿元	2022	0.91	2.73	5
	单位 GDP 科创型企业总市值	%	2022	10.10	43.05	2
	单位人口 SCI 论文发表数	篇/万人	2022	5.52	35.54	6
	单位人口新增发明专利授权量	件/万人	2022	5.65	14.78	7
政策景气度	科创金融政策支持力度	分	2022	163.61	162.50	24
	政府引导基金发展情况	分	2022	150.07	160.00	9
	获得政府性融资担保服务情况	分	2022	139.84	116.68	36
	科技保险渗透情况	分	2022	129.84	143.18	7
	综合金融服务平台发展情况	分	2022	157.59	154.05	27
	单位人口国家级创新载体数	家/百万人	2022	2.40	5.38	18
	本地科创金融创新氛围	分	2022	150.05	143.90	24
	本地科创金融发展潜力	分	2022	165.28	173.39	10

10.6　南京

南京科创金融景气度与36个金融中心城市的均值水平比较如图10.6.1所示。

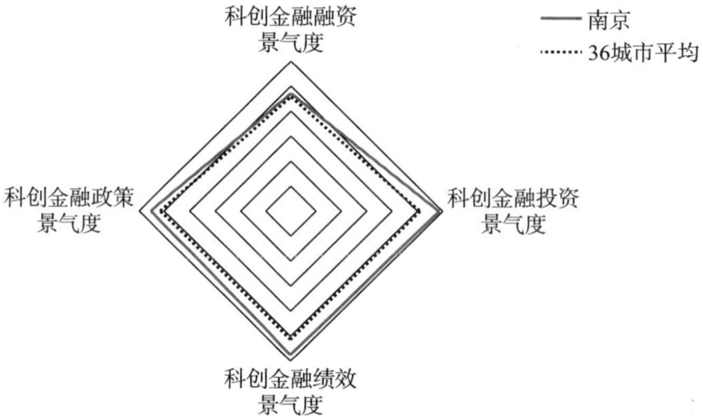

图10.6.1　2022年南京科创金融景气度与36个金融中心城市均值水平比较

2022年南京地区生产总值为16908亿元，2021年金融业增加值为2044.4亿元（在36个金融中心城市中排名第9），占当年GDP比重达到了12.5%（在36个金融中心城市中排名第8）。本期南京科创金融综合景气度指数为109.18，在36个金融中心城市中排名第6，景气水平高于100中性值，科创金融发展总体处于相对景气的状态。

从综合景气度评分构成来看，南京科创金融在投资景气度、绩效景气度和政策景气度上表现较好，均处于景气状态，分别在36个金融中心城市中排名第3、第6和第2。不过，融资景气度低于100中性值，属于不景气状态，发展活跃度有待提升（见表10.6.1）。

表10.6.1　2022年南京科创金融景气度分项排名情况

科创金融综合景气度构成	指数得分	指数排名
科创金融融资景气度	94.09	10
科创金融投资景气度	117.05	3

续表

科创金融综合景气度构成	指数得分	指数排名
科创金融绩效景气度	114.97	6
科创金融政策景气度	110.61	2

从具体指标构成来看，南京在科创型企业当前融资便利度和成本优化水平方面具有比较优势，均优于国内平均水平，指标值均排在 36 个金融中心城市第 4；科创型企业未来融资扩大意愿强，评分排在同期第 4；研发和投资扩大意愿同样强烈，科创型企业研发扩大和投资扩大意愿分别排在第 5 位和第 2 位；较为突出的是科创产业发展基础和发展潜力，评价得分均位列 36 个金融中心城市第 3；研发能力强劲，每万人 SCI 论文发表数达 72.51 篇，每万人新增发明专利授权量达 30.03 件，均排在第 2 位；在单位人口国家级创新载体数、本地科创金融发展潜力等方面也具有明显优势，分别排在第 2 位和第 1 位。不过，获得政府性融资担保服务情况表现不如全国或同期 36 个金融中心城市平均水平，且差距较显著，排在第 34 位（见表 10.6.2）。

表 10.6.2 2022 年南京科创金融景气度主要指标排名

一级指标	二级指标	单位	年份	国内均值	南京	排名
融资景气度	普惠小微企业贷款余额占全部比重	%	2021	9.69	6.56	19
	单位 GDP 科创型企业直接融资增量	%	2022	0.67	0.41	12
	科创型企业当前融资便利度	分	2022	98.68	113.08	4
	科创型企业当前融资成本优化水平	分	2022	80.46	100.13	4
	金融机构专项科创融资供给情况	分	2022	135.50	150.00	8
	科创型企业未来融资扩大意愿	分	2022	142.20	157.14	4
投资景气度	全社会研发投入强度	%	2021	2.42	3.60	8
	科创型企业研发扩大意愿	分	2022	167.18	175.00	5
	科创型企业投资扩大意愿	分	2022	124.05	145.45	2
	私募股权投资规模与 GDP 之比	%	2022	0.57	2.12	17
	私募股权投资需求扩张趋势	分	2022	148.17	164.15	6
	财政科技支出占比	%	2022	3.85	6.91	6

续表

一级指标	二级指标	单位	年份	国内均值	南京	排名
绩效景气度	科创产业发展基础评价	分	2022	150. 81	174. 32	3
	科创产业发展潜力评价	分	2022	164. 69	179. 31	3
	单位 GDP 高新技术企业数	家/亿元	2022	0. 28	0. 53	11
	单位 GDP 国家级“小巨人”企业数	家/百亿元	2022	0. 74	0. 63	24
	单位 GDP 科创型企业上市数	家/千亿元	2022	0. 91	1. 54	9
	单位 GDP 科创型企业总市值	%	2022	10. 10	11. 22	13
	单位人口 SCI 论文发表数	篇/万人	2022	5. 52	72. 51	2
	单位人口新增发明专利授权量	件/万人	2022	5. 65	30. 03	2
政策景气度	科创金融政策支持力度	分	2022	163. 61	171. 43	7
	政府引导基金发展情况	分	2022	150. 07	173. 44	3
	获得政府性融资担保服务情况	分	2022	139. 84	121. 31	34
	科技保险渗透情况	分	2022	129. 84	134. 62	15
	综合金融服务平台发展情况	分	2022	157. 59	160. 66	14
	单位人口国家级创新载体数	家/百万人	2022	2. 40	11. 04	2
	本地科创金融创新氛围	分	2022	150. 05	158. 82	10
	本地科创金融发展潜力	分	2022	165. 28	180. 53	1

10.7 广州

广州科创金融景气度与 36 个金融中心城市的均值水平比较如图 10.7.1 所示。

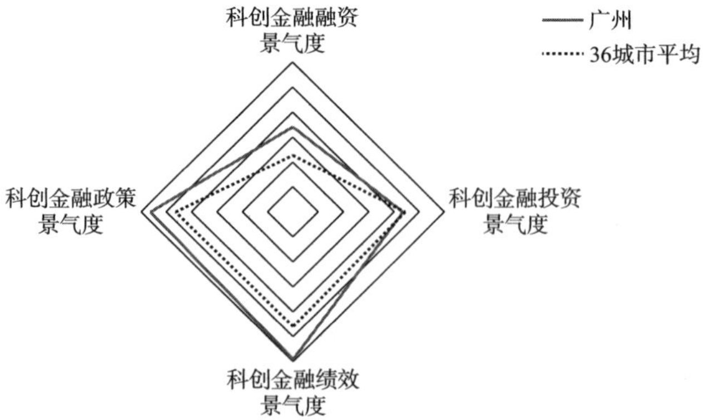

图 10.7.1　2022 年广州科创金融景气度与 36 个金融中心城市均值水平比较

2022年广州地区生产总值为28839亿元，2021年金融业增加值为2467.9亿元（在36个金融中心城市中排名第4），占当年GDP比重达到了8.7%（在36个金融中心城市中排名第25）。本期广州科创金融综合景气度指数为104.00，在36个金融中心城市中排名第7，景气水平高于100中性值，科创金融发展总体处于相对景气的状态。

从综合景气度评分构成来看，广州科创金融在投资景气度、绩效景气度和政策景气度方面表现较好（高于100中性值），分别排第15位、第9位和第8位，处于景气状态。不过，融资景气度低于100中性值，处于不景气状态，其发展活跃度有待提升（见表10.7.1）。

表10.7.1　2022年广州科创金融景气度分项排名情况

科创金融综合景气度构成	指数得分	指数排名
科创金融融资景气度	97.02	9
科创金融投资景气度	101.62	15
科创金融绩效景气度	109.37	9
科创金融政策景气度	107.99	8

从具体指标构成来看，广州在金融机构专项科创融资供给情况方面表现突出，评分显著高于国内均值，排在36个金融中心城市第1位；私募股权投资需求扩张趋势明显，指标值排名同期第8位；财政科技支出占比达到了6.44%，排在第8位；科创产业发展基础评价和发展潜力评价较好，评分高于国内均值水平，分别排在第4位和第2位；研究创新成果丰富，2022年每万人发表SCI论文达到了30.99篇，是同期全国平均水平的5.6倍；科技保险渗透情况发展良好，评分排在第2位；在科创金融政策支持力度、获得政府性融资担保服务情况等方面也具有相对优势。不过，在科创型企业未来融资扩大意愿、科创型企业研发扩大意愿、单位GDP国家级“小巨人”企业数和本地科创金融创新氛围等部分指标显著落后于国内均值水平，且差距较显著（见表10.7.2）。

表 10.7.2　2022 年广州科创金融景气度主要指标排名

一级指标	二级指标	单位	年份	国内均值	广州	排名
融资景气度	普惠小微企业贷款余额占全部比重	%	2021	9.69	8.96	11
	单位 GDP 科创型企业直接融资增量	%	2022	0.67	0.24	18
	科创型企业当前融资便利度	分	2022	98.68	101.69	12
	科创型企业当前融资成本优化水平	分	2022	80.46	80.66	13
	金融机构专项科创融资供给情况	分	2022	135.50	163.64	1
	科创型企业未来融资扩大意愿	分	2022	142.20	137.50	26
投资景气度	全社会研发投入强度	%	2021	2.42	3.15	13
	科创型企业研发扩大意愿	分	2022	167.18	147.83	36
	科创型企业投资扩大意愿	分	2022	124.05	121.74	20
	私募股权投资规模与 GDP 之比	%	2022	0.57	3.07	11
	私募股权投资需求扩张趋势	分	2022	148.17	160.38	8
	财政科技支出占比	%	2022	3.85	6.44	8
绩效景气度	科创产业发展基础评价	分	2022	150.81	173.53	4
	科创产业发展潜力评价	分	2022	164.69	181.11	2
	单位 GDP 高新技术企业数	家/亿元	2022	0.28	0.43	21
	单位 GDP 国家级“小巨人”企业数	家/百亿元	2022	0.74	0.41	31
	单位 GDP 科创型企业上市数	家/千亿元	2022	0.91	1.32	13
	单位 GDP 科创型企业总市值	%	2022	10.10	7.25	19
	单位人口 SCI 论文发表数	篇/万人	2022	5.52	30.99	8
	单位人口新增发明专利授权量	件/万人	2022	5.65	14.68	8
政策景气度	科创金融政策支持力度	分	2022	163.61	171.91	6
	政府引导基金发展情况	分	2022	150.07	165.45	5
	获得政府性融资担保服务情况	分	2022	139.84	156.41	3
	科技保险渗透情况	分	2022	129.84	150.85	2
	综合金融服务平台发展情况	分	2022	157.59	156.36	22
	单位人口国家级创新载体数	家/百万人	2022	2.40	5.42	17
	本地科创金融创新氛围	分	2022	150.05	138.33	31
	本地科创金融发展潜力	分	2022	165.28	177.91	4

10.8 西安

西安科创金融景气度与36个金融中心城市的均值水平比较如图10.8.1所示。

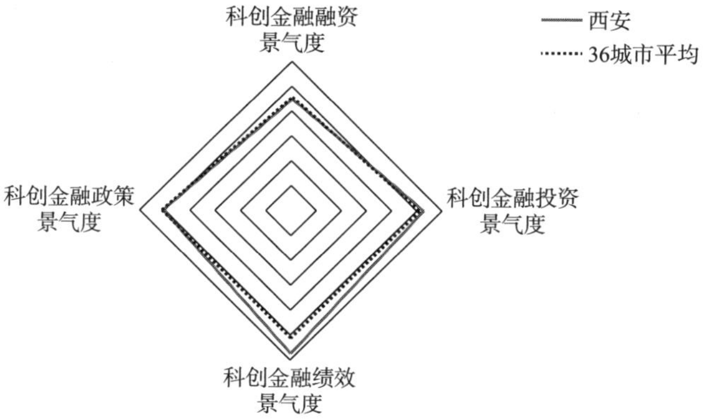

图10.8.1 2022年西安科创金融景气度与36个金融中心城市均值水平比较

2022年西安地区生产总值为11487亿元，2021年金融业增加值为1174.5亿元（在36个金融中心城市中排名第14），占当年GDP比重达到了11.0%（在36个金融中心城市中排名第17）。本期西安科创金融综合景气度指数为102.94，在36个金融中心城市中排名第8，景气水平高于100中性值，科创金融发展总体处于相对景气的状态。

从综合景气度评分构成来看，西安科创金融在投资景气度、绩效景气度和政策景气度方面表现较好，均处于景气状态，分别排在36个金融中心城市中的第9位、第5位和第18位。不过，融资景气度大幅低于100中性值，处于不景气状态，其发展活跃度有待提升（见表10.8.1）。

表10.8.1 2022年西安科创金融景气度分项排名情况

科创金融综合景气度构成	指数得分	指数排名
科创金融融资景气度	89.65	14
科创金融投资景气度	105.26	9
科创金融绩效景气度	115.08	5
科创金融政策景气度	101.76	18

从具体指标构成来看，西安在科创型企业当前融资便利度方面具有比较优势，指标值优于同期36个金融中心城市平均水平，排第3位；全社会研发投入强度较高，达到了5.04%，超过国内均值2.62个百分点，排在第3位；科创型企业研发扩大意愿和投资扩大意愿均高于国内均值水平，分别排在第5位和第12位；私募股权投资规模与GDP之比和私募股权投资需求扩张趋势同样超过国内均值水平，均排到了第7位；每亿元GDP高新技术企业数有0.84家，高于国内均值水平0.56家，排到第3位；科创型企业培育较好，每千亿元GDP科创型企业上市数为1.39家，总市值占GDP比重达16.19%，分别排第12位和第8位；在每万人SCI论文发表数、每万人新增发明专利授权量、科创金融政策支持力度等方面也具有一定优势。不过，在普惠小微企业贷款余额、获得政府性融资担保服务情况、综合金融服务平台发展情况和本地科创金融创新氛围等方面亟待加强，排位相对靠后（见表10.8.2）。

表10.8.2　2022年西安科创金融景气度主要指标排名

一级指标	二级指标	单位	年份	国内均值	西安	排名
融资景气度	普惠小微企业贷款余额占全部比重	%	2021	9.69	3.56	33
	单位GDP科创型企业直接融资增量	%	2022	0.67	0.41	13
	科创型企业当前融资便利度	分	2022	98.68	118.61	3
	科创型企业当前融资成本优化水平	分	2022	80.46	77.67	16
	金融机构专项科创融资供给情况	分	2022	135.50	136.30	19
	科创型企业未来融资扩大意愿	分	2022	142.20	146.15	13
投资景气度	全社会研发投入强度	%	2021	2.42	5.04	3
	科创型企业研发扩大意愿	分	2022	167.18	175.00	5
	科创型企业投资扩大意愿	分	2022	124.05	129.63	12
	私募股权投资规模与GDP之比	%	2022	0.57	4.74	7
	私募股权投资需求扩张趋势	分	2022	148.17	163.29	7
	财政科技支出占比	%	2022	3.85	3.82	18

续表

一级指标	二级指标	单位	年份	国内均值	西安	排名
绩效景气度	科创产业发展基础评价	分	2022	150.81	146.15	23
	科创产业发展潜力评价	分	2022	164.69	168.18	13
	单位 GDP 高新技术企业数	家/亿元	2022	0.28	0.84	3
	单位 GDP 国家级“小巨人”企业数	家/百亿元	2022	0.74	0.98	14
	单位 GDP 科创型企业上市数	家/千亿元	2022	0.91	1.39	12
	单位 GDP 科创型企业总市值	%	2022	10.10	16.19	8
	单位人口 SCI 论文发表数	篇/万人	2022	5.52	37.98	4
	单位人口新增发明专利授权量	件/万人	2022	5.65	13.19	11
政策景气度	科创金融政策支持力度	分	2022	163.61	176.39	2
	政府引导基金发展情况	分	2022	150.07	152.63	20
	获得政府性融资担保服务情况	分	2022	139.84	126.73	31
	科技保险渗透情况	分	2022	129.84	119.63	28
	综合金融服务平台发展情况	分	2022	157.59	124.58	36
	单位人口国家级创新载体数	家/百万人	2022	2.40	6.69	11
	本地科创金融创新氛围	分	2022	150.05	136.42	33
	本地科创金融发展潜力	分	2022	165.28	174.07	9

10.9　武汉

武汉科创金融景气度与 36 个金融中心城市的均值水平比较如图 10.9.1 所示。

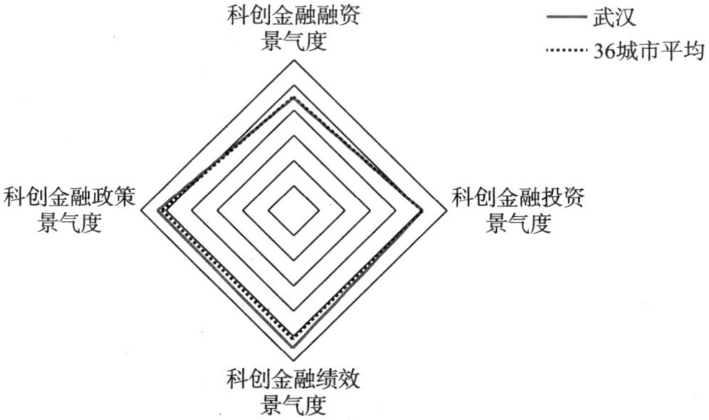

图 10.9.1　2022 年武汉科创金融景气度与 36 个金融中心城市均值水平比较

2022 年武汉地区生产总值为 18866 亿元，2021 年金融业增加值为 1862.2 亿元（在 36 个金融中心城市中排名第 11），占当年 GDP 比重达到了 10.5%（在 36 个金融中心城市中排名第 19）。本期武汉科创金融综合景气度指数为 102.39，在 36 个金融中心城市中排名第 9，景气水平高于 100 中性值，科创金融发展总体处于相对景气的状态。

从综合景气度评分构成来看，武汉科创金融在投资景气度、绩效景气度和政策景气度方面表现较好，分别排名第 14、第 8 和第 10，均处于景气状态。不过，融资景气度低于 100 中性值，处于不景气状态，其发展活跃度有待提升（见表 10.9.1）。

表 10.9.1　2022 年武汉科创金融景气度分项排名情况

科创金融综合景气度构成	指数得分	指数排名
科创金融融资景气度	90.44	13
科创金融投资景气度	102.33	14
科创金融绩效景气度	110.02	8
科创金融政策景气度	106.75	10

从具体指标构成来看，武汉在科创型企业当前融资便利度和成本优化水平方面具有比较优势，优于同期 36 个金融中心城市平均水平，指标值分别排名第 5 位和第 3 位；科创型企业未来融资扩大意愿强，指标值排名同期第 2 位；全社会研发投入强度较高，达到了 3.33%，高于国内均值 0.91 个百分点，排在第 9 位；科创型企业投资扩大意愿较强，评分排在第 4 位；财政科技支出占比较高，达到了 8.14%，排在第 5 位；每亿元 GDP 高新技术企业数达到了 0.64 家，排在第 6 位；每百亿元 GDP 国家级“小巨人”企业数达到了 2.40 家，排在第 1 位；在单位人口 SCI 论文发表数、单位人口新增发明专利授权量、科创金融政策支持力度和本地科创金融创新氛围等方面也具有一定优势。不过，在普惠小微企业贷款余额、获得政府性融资担保服务情况和科技保险渗透情况等方面与国内均值水平存在一定的差距，排名在 36 个金融中心城市中相对靠后（见表 10.9.2）。

表 10.9.2　2022 年武汉科创金融景气度主要指标排名

一级指标	二级指标	单位	年份	国内均值	武汉	排名
融资景气度	普惠小微企业贷款余额占全部比重	%	2021	9. 69	5. 09	26
	单位 GDP 科创型企业直接融资增量	%	2022	0. 67	0. 28	16
	科创型企业当前融资便利度	分	2022	98. 68	111. 48	5
	科创型企业当前融资成本优化水平	分	2022	80. 46	104. 31	3
	金融机构专项科创融资供给情况	分	2022	135. 50	136. 96	17
	科创型企业未来融资扩大意愿	分	2022	142. 20	157. 63	2
投资景气度	全社会研发投入强度	%	2021	2. 42	3. 33	9
	科创型企业研发扩大意愿	分	2022	167. 18	161. 67	26
	科创型企业投资扩大意愿	分	2022	124. 05	138. 33	4
	私募股权投资规模与 GDP 之比	%	2022	0. 57	1. 72	22
	私募股权投资需求扩张趋势	分	2022	148. 17	144. 12	23
	财政科技支出占比	%	2022	3. 85	8. 14	5
绩效景气度	科创产业发展基础评价	分	2022	150. 81	162. 50	11
	科创产业发展潜力评价	分	2022	164. 69	166. 04	17
	单位 GDP 高新技术企业数	家/亿元	2022	0. 28	0. 64	6
	单位 GDP 国家级“小巨人”企业数	家/百亿元	2022	0. 74	2. 40	1
	单位 GDP 科创型企业上市数	家/千亿元	2022	0. 91	1. 27	14
	单位 GDP 科创型企业总市值	%	2022	10. 10	8. 56	18
	单位人口 SCI 论文发表数	篇/万人	2022	5. 52	39. 09	3
	单位人口新增发明专利授权量	件/万人	2022	5. 65	17. 33	5
政策景气度	科创金融政策支持力度	分	2022	163. 61	176. 19	3
	政府引导基金发展情况	分	2022	150. 07	160. 00	9
	获得政府性融资担保服务情况	分	2022	139. 84	124. 06	32
	科技保险渗透情况	分	2022	129. 84	115. 38	31
	综合金融服务平台发展情况	分	2022	157. 59	166. 67	8
	单位人口国家级创新载体数	家/百万人	2022	2. 40	7. 03	10
	本地科创金融创新氛围	分	2022	150. 05	164. 44	3
	本地科创金融发展潜力	分	2022	165. 28	174. 26	8

10. 10　济南

济南科创金融景气度与 36 个金融中心城市的均值水平比较如图 10. 10. 1 所示。

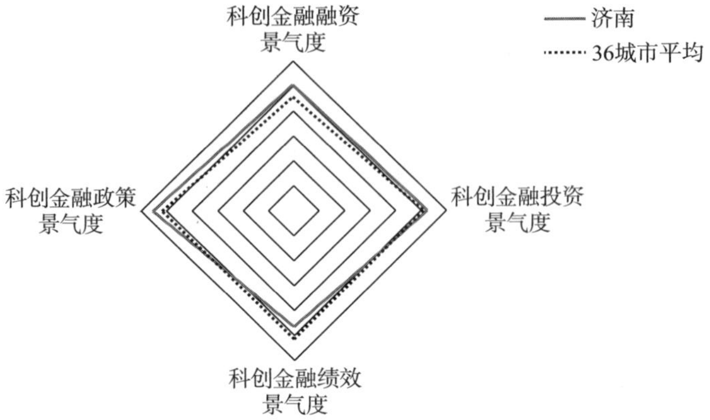

图 10.10.1　2022 年济南科创金融景气度与 36 个金融中心城市均值水平比较

2022 年济南地区生产总值为 12028 亿元，2021 年金融业增加值为 991.0 亿元（在 36 个金融中心城市中排名第 18），占当年 GDP 比重达到了 8.7%（在 36 个金融中心城市中排名第 27）。本期济南科创金融综合景气度指数为 102.37，在 36 个金融中心城市中排名第 10，景气水平小幅高于 100 中性值，科创金融发展总体处于相对景气的状态。

从综合景气度评分构成来看，济南科创金融在融资景气度、投资景气度和政策景气度方面表现较好，超过 100 中性值，处于景气状态，其中，融资景气度和政策景气度分项分别排名第 8 和第 4。不过，绩效景气度低于 100 中性值，处于不景气状态，发展活跃度有待提升（见表 10.10.1）。

表 10.10.1　2022 年济南科创金融景气度分项排名情况

科创金融综合景气度构成	指数得分	指数排名
科创金融融资景气度	101.11	8
科创金融投资景气度	105.18	10
科创金融绩效景气度	92.92	17
科创金融政策景气度	110.28	4

从具体指标构成来看，济南在面向科创型企业的融资情况表现较好，

在科创型企业当前融资便利度、成本优化水平和金融机构专项科创融资供给情况方面具有比较优势，均优于同期 36 个金融中心城市平均水平，指标值分别排名第 2 位、第 6 位和第 7 位；私募股权投资需求扩张趋势明显，指标值排名同期第 2 位；科创产业发展潜力强，评价得分排在第 4 位；政府针对科创型企业配套相对充足，在科创金融政策支持力度和政府引导基金发展情况方面取得了不错的评分，分别排在第 4 位和第 2 位；本地科创金融创新氛围和发展潜力较好，分别排在 36 个金融中心城市中的第 1 位和第 3 位，说明成立科创金融改革试验区给济南科创金融氛围带来了积极正向的作用；此外，在单位 GDP 高新技术企业数、单位 GDP 科创型企业上市数等方面也具有一定比较优势。不过在普惠小微企业贷款余额、财政科技支出占比和获得政府性融资担保服务情况等方面需要进一步加强（见表 10. 10. 2）。

表 10. 10. 2　2022 年济南科创金融景气度主要指标排名

一级指标	二级指标	单位	年份	国内均值	济南	排名
融资景气度	普惠小微企业贷款余额占全部比重	%	2021	9. 69	6. 53	20
	单位 GDP 科创型企业直接融资增量	%	2022	0. 67	0. 22	19
	科创型企业当前融资便利度	分	2022	98. 68	119. 01	2
	科创型企业当前融资成本优化水平	分	2022	80. 46	96. 87	6
	金融机构专项科创融资供给情况	分	2022	135. 50	150. 59	7
	科创型企业未来融资扩大意愿	分	2022	142. 20	142. 81	18
投资景气度	全社会研发投入强度	%	2021	2. 42	2. 68	19
	科创型企业研发扩大意愿	分	2022	167. 18	169. 11	17
	科创型企业投资扩大意愿	分	2022	124. 05	126. 38	18
	私募股权投资规模与 GDP 之比	%	2022	0. 57	2. 71	14
	私募股权投资需求扩张趋势	分	2022	148. 17	178. 13	2
	财政科技支出占比	%	2022	3. 85	2. 63	21

续表

一级指标	二级指标	单位	年份	国内均值	济南	排名
绩效景气度	科创产业发展基础评价	分	2022	150.81	155.56	16
	科创产业发展潜力评价	分	2022	164.69	176.92	4
	单位 GDP 高新技术企业数	家/亿元	2022	0.28	0.47	15
	单位 GDP 国家级"小巨人"企业数	家/百亿元	2022	0.74	0.71	20
	单位 GDP 科创型企业上市数	家/千亿元	2022	0.91	1.08	15
	单位 GDP 科创型企业总市值	%	2022	10.10	10.98	15
	单位人口 SCI 论文发表数	篇/万人	2022	5.52	29.76	10
	单位人口新增发明专利授权量	件/万人	2022	5.65	12.67	12
政策景气度	科创金融政策支持力度	分	2022	163.61	173.77	4
	政府引导基金发展情况	分	2022	150.07	177.42	2
	获得政府性融资担保服务情况	分	2022	139.84	133.58	27
	科技保险渗透情况	分	2022	129.84	147.78	4
	综合金融服务平台发展情况	分	2022	157.59	157.28	21
	单位人口国家级创新载体数	家/百万人	2022	2.40	5.03	20
	本地科创金融创新氛围	分	2022	150.05	173.39	1
	本地科创金融发展潜力	分	2022	165.28	178.02	3

10.11 宁波

宁波科创金融景气度与 36 个金融中心城市的均值水平比较如图 10.11.1 所示。

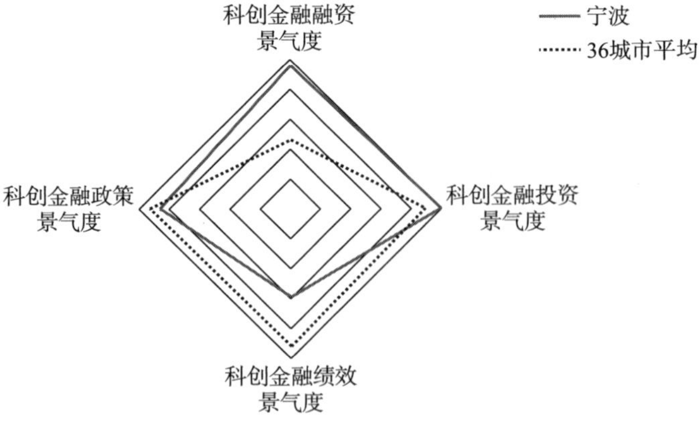

图 10.11.1　2022 年宁波科创金融景气度与 36 个金融中心城市均值水平比较

2022年宁波地区生产总值为15704亿元，2021年金融业增加值为1062.7亿元（在36个金融中心城市中排名第17），占当年GDP比重达到了7.3%（在36个金融中心城市中排名第33）。本期宁波科创金融综合景气度指数为101.09，在36个金融中心城市中排名第11，景气水平小幅高于100中性值，科创金融发展总体处于相对景气的状态。

从综合景气度评分构成来看，宁波科创金融在融资景气度、投资景气度和政策景气度方面表现较好，分别排第7位、第11位和第19位，均处于景气状态。不过，绩效景气度低于100中性值，处于不景气状态，其发展活跃度有待提升（见表10.11.1）。

表10.11.1　2022年宁波科创金融景气度分项排名情况

科创金融综合景气度构成	指数得分	指数排名
科创金融融资景气度	103.68	7
科创金融投资景气度	104.60	11
科创金融绩效景气度	94.68	16
科创金融政策景气度	101.40	19

从具体指标构成来看，宁波在普惠小微企业贷款发放方面有一定优势，其贷款余额比重达12.74%，排在第4位；科创型企业投资扩大意愿强，指标值排名同期第9位；财政科技支出占比高，达到了6.90%，表现了政府对科技发展的重视；科创产业发展基础较好，评价排在了同期第7位；每百亿元GDP国家级“小巨人”企业数达到了1.78家，排在第3位；科创金融政策支持力度较好，评分排在了第8位；此外，在科技保险渗透、本地科创金融发展潜力等方面也具有一定比较优势。不过，在单位GDP科创型企业直接融资增量、科创型企业当前融资成本优化水平和综合金融服务平台发展情况等指标略低于全国或同期36个金融中心城市平均水平（见表10.11.2）。

表 10.11.2　2022 年宁波科创金融景气度主要指标排名

一级指标	二级指标	单位	年份	国内均值	宁波	排名
融资景气度	普惠小微企业贷款余额占全部比重	%	2021	9.69	12.74	4
	单位 GDP 科创型企业直接融资增量	%	2022	0.67	0.14	21
	科创型企业当前融资便利度	分	2022	98.68	99.15	18
	科创型企业当前融资成本优化水平	分	2022	80.46	75.33	20
	金融机构专项科创融资供给情况	分	2022	135.50	136.84	18
	科创型企业未来融资扩大意愿	分	2022	142.20	136.07	28
投资景气度	全社会研发投入强度	%	2021	2.42	2.76	18
	科创型企业研发扩大意愿	分	2022	167.18	169.35	14
	科创型企业投资扩大意愿	分	2022	124.05	133.33	9
	私募股权投资规模与 GDP 之比	%	2022	0.57	1.37	24
	私募股权投资需求扩张趋势	分	2022	148.17	151.85	14
	财政科技支出占比	%	2022	3.85	6.90	7
绩效景气度	科创产业发展基础评价	分	2022	150.81	171.05	7
	科创产业发展潜力评价	分	2022	164.69	169.00	12
	单位 GDP 高新技术企业数	家/亿元	2022	0.28	0.34	26
	单位 GDP 国家级“小巨人”企业数	家/百亿元	2022	0.74	1.78	3
	单位 GDP 科创型企业上市数	家/千亿元	2022	0.91	0.76	19
	单位 GDP 科创型企业总市值	%	2022	10.10	5.77	22
	单位人口 SCI 论文发表数	篇/万人	2022	5.52	10.25	31
	单位人口新增发明专利授权量	件/万人	2022	5.65	10.04	15
政策景气度	科创金融政策支持力度	分	2022	163.61	171.13	8
	政府引导基金发展情况	分	2022	150.07	153.33	17
	获得政府性融资担保服务情况	分	2022	139.84	146.05	12
	科技保险渗透情况	分	2022	129.84	141.67	8
	综合金融服务平台发展情况	分	2022	157.59	136.67	34
	单位人口国家级创新载体数	家/百万人	2022	2.40	3.67	24
	本地科创金融创新氛围	分	2022	150.05	140.00	30
	本地科创金融发展潜力	分	2022	165.28	174.44	7

10.12　青岛

青岛科创金融景气度与 36 个金融中心城市的均值水平比较如图 10.12.1 所示。

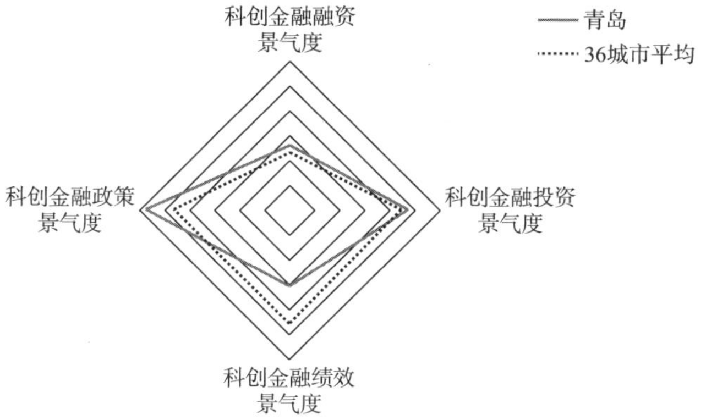

图 10.12.1　2022 年青岛科创金融景气度与 36 个金融中心城市均值水平比较

2022 年青岛地区生产总值为 14921 亿元，2021 年金融业增加值为 937.4 亿元（在 36 个金融中心城市中排名第 20），占当年 GDP 比重达到了 6.6%（在 36 个金融中心城市中排名第 36）。本期青岛科创金融综合景气度指数为 100.03，在 36 个金融中心城市中排名第 12，景气水平略超过 100 中性值，科创金融发展总体处于相对景气的状态。

从综合景气度评分构成来看，青岛科创金融在投资景气度和政策景气度方面表现较好，分别排名第 12 和第 6，均处于景气状态。不过，融资景气度和绩效景气度均低于 100 中性值，处于不景气状态，两者的发展活跃度有待提升（见表 10.12.1）。

表 10.12.1　2022 年青岛科创金融景气度分项排名情况

科创金融综合景气度构成	指数得分	指数排名
科创金融融资景气度	92.77	12
科创金融投资景气度	103.42	12
科创金融绩效景气度	95.33	15
科创金融政策景气度	108.62	6

从具体指标构成来看，青岛在科创型企业当前融资便利度、成本优化水平和金融机构专项科创融资供给方面具有比较优势，均优于同期36个金融中心城市平均水平，指标值分别排名第8位、第5位和第9位，说明青岛本地科创型企业能相对容易获得成本较低的资金，这可能也是青岛科创型企业未来融资扩大和投资扩大意愿较高的原因，尤其是投资扩大意愿位列36个金融中心城市第1位；私募股权投资需求扩张趋势明显，指标值排名同期第3位；科创产业发展良好，其发展基础和发展潜力评价得分排名均靠前列，分别排在第5位和第6位；政府支持力度较大，在科创金融政策支持力度和政府引导基金发展情况评价中有着较好表现，分别排在第5位和第7位；在单位人口国家级创新载体数、本地科创金融发展潜力等方面也具有一定比较优势。除此之外，单位GDP科创型企业上市数量及总市值等方面略低于全国或同期36个金融中心城市平均水平（见表10.12.2）。

表10.12.2　2022年青岛科创金融景气度主要指标排名

一级指标	二级指标	单位	年份	国内均值	青岛	排名
融资景气度	普惠小微企业贷款余额占全部比重	%	2021	9.69	7.09	17
	单位GDP科创型企业直接融资增量	%	2022	0.67	0.10	25
	科创型企业当前融资便利度	分	2022	98.68	104.64	8
	科创型企业当前融资成本优化水平	分	2022	80.46	100.06	5
	金融机构专项科创融资供给情况	分	2022	135.50	148.94	9
	科创型企业未来融资扩大意愿	分	2022	142.20	156.67	5
投资景气度	全社会研发投入强度	%	2021	2.42	2.51	21
	科创型企业研发扩大意愿	分	2022	167.18	167.24	20
	科创型企业投资扩大意愿	分	2022	124.05	150.85	1
	私募股权投资规模与GDP之比	%	2022	0.57	0.82	30
	私募股权投资需求扩张趋势	分	2022	148.17	172.22	3
	财政科技支出占比	%	2022	3.85	2.05	26

续表

一级指标	二级指标	单位	年份	国内均值	青岛	排名
绩效景气度	科创产业发展基础评价	分	2022	150.81	172.00	5
	科创产业发展潜力评价	分	2022	164.69	174.55	6
	单位 GDP 高新技术企业数	家/亿元	2022	0.28	0.43	19
	单位 GDP 国家级“小巨人”企业数	家/百亿元	2022	0.74	0.99	13
	单位 GDP 科创型企业上市数	家/千亿元	2022	0.91	0.60	23
	单位 GDP 科创型企业总市值	%	2022	10.10	4.67	23
	单位人口 SCI 论文发表数	篇/万人	2022	5.52	25.72	12
	单位人口新增发明专利授权量	件/万人	2022	5.65	14.16	9
政策景气度	科创金融政策支持力度	分	2022	163.61	172.64	5
	政府引导基金发展情况	分	2022	150.07	163.16	7
	获得政府性融资担保服务情况	分	2022	139.84	142.13	17
	科技保险渗透情况	分	2022	129.84	129.17	19
	综合金融服务平台发展情况	分	2022	157.59	160.53	15
	单位人口国家级创新载体数	家/百万人	2022	2.40	7.60	6
	本地科创金融创新氛围	分	2022	150.05	152.50	16
	本地科创金融发展潜力	分	2022	165.28	174.51	6

10.13　无锡

无锡科创金融景气度与 36 个金融中心城市的均值水平比较如图 10.13.1 所示。

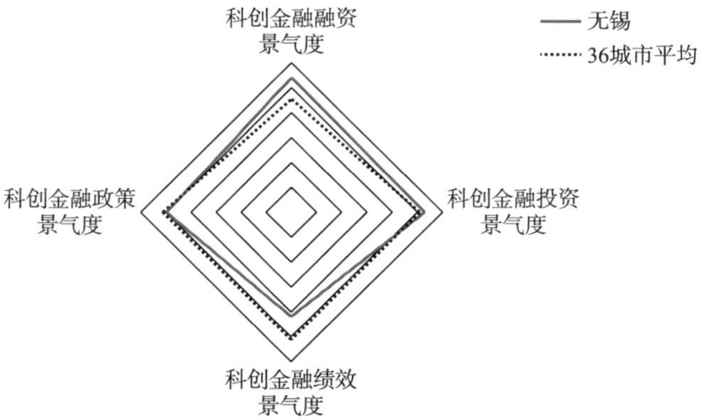

图 10.13.1　2022 年无锡科创金融景气度与 36 个金融中心城市均值水平比较

2022 年无锡地区生产总值为 14851 亿元，2021 年金融业增加值为 1160.0 亿元（在 36 个金融中心城市中排名第 15），占当年 GDP 比重达到了 8.3%（在 36 个金融中心城市中排名第 29）。本期无锡科创金融综合景气度指数为 99.74，在 36 个金融中心城市中排名第 13，景气水平小幅低于 100 中性值，科创金融发展总体处于相对不景气的状态。

从综合景气度评分构成来看，无锡科创金融在融资景气度和投资景气度方面表现较好，分别排名第 4 和第 8，均处于景气状态。不过，绩效景气度大幅低于 100 中性值，处于不景气状态，发展活跃度有待提升（见表 10.13.1）。

表 10.13.1　2022 年无锡科创金融景气度分项排名情况

科创金融综合景气度构成	指数得分	指数排名
科创金融融资景气度	108.74	4
科创金融投资景气度	106.14	8
科创金融绩效景气度	83.95	22
科创金融政策景气度	100.11	22

从具体指标构成来看，无锡在普惠小微企业贷款余额方面表现较好，高于国内均值 1.55 个百分点；单位 GDP 科创型企业直接融资增量表现较优，排在同期 36 个金融中心城市第 6 位；金融机构专项科创融资供给情况表现良好，评分排第 4 位；科创型企业研发扩大意愿较强，评分排在第 5 位；私募股权投资需求扩张趋势表现突出，排在 36 个金融中心城市中的第 1 位；科创产业发展基础评价和发展潜力评价也高于国内均值水平，均排在前十；科创型企业市值表现良好，单位 GDP 科创型企业总市值达到了 23.37%，排第 6 位；本地科创金融创新氛围浓厚，评分排在第 5 位；在全社会研发投入强度、单位 GDP 科创型企业上市数等方面也具有一定比较优势。不过，在科创型企业当前融资便利度、科创型企业当前融资成本优化水平和科创型企业未来融资扩大意愿等方面低于全国或同期 36 个金融中心城市平均水平（见表 10.13.2）。

表 10.13.2　2022 年无锡科创金融景气度主要指标排名

一级指标	二级指标	单位	年份	国内均值	无锡	排名
融资景气度	普惠小微企业贷款余额占全部比重	%	2021	9.69	11.24	6
	单位 GDP 科创型企业直接融资增量	%	2022	0.67	0.72	6
	科创型企业当前融资便利度	分	2022	98.68	73.23	36
	科创型企业当前融资成本优化水平	分	2022	80.46	71.05	27
	金融机构专项科创融资供给情况	分	2022	135.50	152.94	4
	科创型企业未来融资扩大意愿	分	2022	142.20	115.15	36
投资景气度	全社会研发投入强度	%	2021	2.42	3.18	11
	科创型企业研发扩大意愿	分	2022	167.18	175.00	5
	科创型企业投资扩大意愿	分	2022	124.05	118.18	25
	私募股权投资规模与 GDP 之比	%	2022	0.57	3.23	10
	私募股权投资需求扩张趋势	分	2022	148.17	183.33	1
	财政科技支出占比	%	2022	3.85	4.62	15
绩效景气度	科创产业发展基础评价	分	2022	150.81	166.67	8
	科创产业发展潜力评价	分	2022	164.69	174.51	7
	单位 GDP 高新技术企业数	家/亿元	2022	0.28	0.36	25
	单位 GDP 国家级“小巨人”企业数	家/百亿元	2022	0.74	0.59	25
	单位 GDP 科创型企业上市数	家/千亿元	2022	0.91	1.48	10
	单位 GDP 科创型企业总市值	%	2022	10.10	23.37	6
	单位人口 SCI 论文发表数	篇/万人	2022	5.52	9.67	33
	单位人口新增发明专利授权量	件/万人	2022	5.65	11.27	14
政策景气度	科创金融政策支持力度	分	2022	163.61	145.83	34
	政府引导基金发展情况	分	2022	150.07	153.85	15
	获得政府性融资担保服务情况	分	2022	139.84	134.80	25
	科技保险渗透情况	分	2022	129.84	100.00	35
	综合金融服务平台发展情况	分	2022	157.59	158.33	18
	单位人口国家级创新载体数	家/百万人	2022	2.40	5.88	14
	本地科创金融创新氛围	分	2022	150.05	161.54	5
	本地科创金融发展潜力	分	2022	165.28	168.89	15

10.14 厦门

厦门科创金融景气度与36个金融中心城市的均值水平比较如图10.14.1所示。

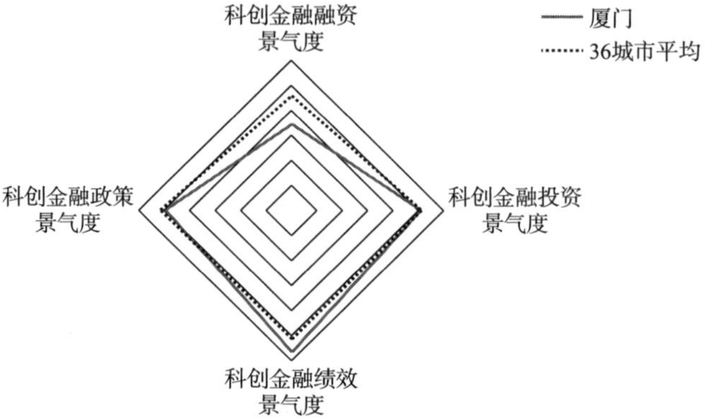

图10.14.1 2022年厦门科创金融景气度与36个金融中心城市均值水平比较

2022年厦门地区生产总值为7803亿元，2021年金融业增加值为865.5亿元（在36个金融中心城市中排名第21），占当年GDP比重达到了12.3%（在36个金融中心城市中排名第9）。本期厦门科创金融综合景气度指数为95.54，在36个金融中心城市中排名第14，景气水平小幅低于100中性值，科创金融发展总体处于相对不景气的状态。

从综合景气度评分构成来看，厦门科创金融在投资景气度和绩效景气度方面表现较好，分别排名第16和第7，处于景气状态。不过，融资景气度和政策景气度均低于100中性值，处于不景气状态，两者的发展活跃度有待提升（见表10.14.1）。

表10.14.1 2022年厦门科创金融景气度分项排名情况

科创金融综合景气度构成	指数得分	指数排名
科创金融融资景气度	68.55	24
科创金融投资景气度	101.48	16
科创金融绩效景气度	113.13	7
科创金融政策景气度	98.98	27

从具体指标构成来看，厦门在普惠小微企业贷款余额占全部比重方面有明显优势，高于国内均值 7. 25 个百分点，排在第 2 位；科创型企业未来融资扩大意愿较强，评分排在 36 个金融中心城市中的第 9 位；科创型企业投资扩大意愿强烈，评分排在同期第 6 位；私募股权投资需求扩张趋势明显，指标值排名同期第 10 位。科技企业培育良好，每百亿元 GDP 国家级“小巨人”企业数达 1. 82 家，排在第 2 位；每千亿元 GDP 科创型企业上市数达 1. 67 家，与单位 GDP 科创型企业总市值排名相同，均为第 7 位。每百万人国家级创新载体数达 8. 14 家，排同期第 5 位；在单位 GDP 科创型企业直接融资增量、全社会研发投入强度等方面也具有一定比较优势。除此之外，金融机构专项科创融资供给情况、科创型企业研发扩大意愿、政府引导基金发展情况和综合金融服务平台发展情况等方面发展评价水平均低于全国或同期 36 个金融中心城市平均水平，且差距较显著（见表 10. 14. 2）。

表 10. 14. 2　2022 年厦门科创金融景气度主要指标排名

一级指标	二级指标	单位	年份	国内均值	厦门	排名
融资景气度	普惠小微企业贷款余额占全部比重	%	2021	9. 69	16. 94	2
	单位 GDP 科创型企业直接融资增量	%	2022	0. 67	0. 50	10
	科创型企业当前融资便利度	分	2022	98. 68	99. 15	19
	科创型企业当前融资成本优化水平	分	2022	80. 46	69. 85	29
	金融机构专项科创融资供给情况	分	2022	135. 50	115. 38	32
	科创型企业未来融资扩大意愿	分	2022	142. 20	152. 38	9
投资景气度	全社会研发投入强度	%	2021	2. 42	3. 10	14
	科创型企业研发扩大意愿	分	2022	167. 18	156. 92	31
	科创型企业投资扩大意愿	分	2022	124. 05	137. 50	6
	私募股权投资规模与 GDP 之比	%	2022	0. 57	1. 93	18
	私募股权投资需求扩张趋势	分	2022	148. 17	155. 17	10
	财政科技支出占比	%	2022	3. 85	3. 85	17

续表

一级指标	二级指标	单位	年份	国内均值	厦门	排名
绩效景气度	科创产业发展基础评价	分	2022	150.81	143.90	25
	科创产业发展潜力评价	分	2022	164.69	163.21	19
	单位 GDP 高新技术企业数	家/亿元	2022	0.28	0.46	17
	单位 GDP 国家级“小巨人”企业数	家/百亿元	2022	0.74	1.82	2
	单位 GDP 科创型企业上市数	家/千亿元	2022	0.91	1.67	7
	单位 GDP 科创型企业总市值	%	2022	10.10	18.56	7
	单位人口 SCI 论文发表数	篇/万人	2022	5.52	22.09	15
	单位人口新增发明专利授权量	件/万人	2022	5.65	9.99	16
政策景气度	科创金融政策支持力度	分	2022	163.61	168.69	10
	政府引导基金发展情况	分	2022	150.07	128.57	32
	获得政府性融资担保服务情况	分	2022	139.84	139.63	19
	科技保险渗透情况	分	2022	129.84	126.32	24
	综合金融服务平台发展情况	分	2022	157.59	146.15	30
	单位人口国家级创新载体数	家/百万人	2022	2.40	8.14	5
	本地科创金融创新氛围	分	2022	150.05	126.67	35
	本地科创金融发展潜力	分	2022	165.28	160.42	28

10.15 成都

成都科创金融景气度与36个金融中心城市的均值水平比较如图10.15.1所示。

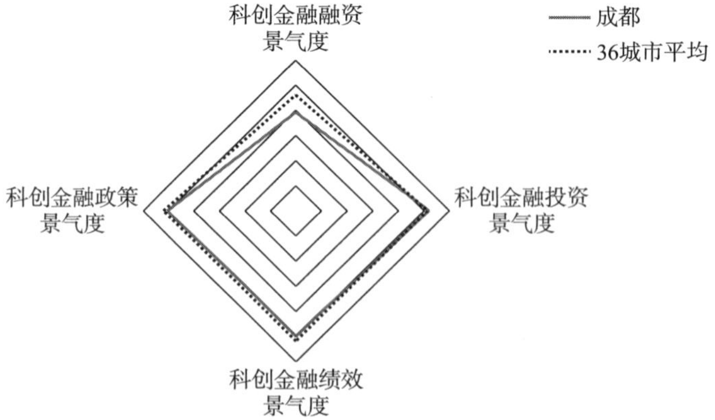

图10.15.1　2022年成都科创金融景气度与36个金融中心城市均值水平比较

2022年成都地区生产总值为29818亿元，2021年金融业增加值为2271.6亿元（在36个金融中心城市中排名第6），占当年GDP比重达到了11.4%（在36个金融中心城市中排名第15）。本期成都科创金融综合景气度指数为94.84，在36个金融中心城市中排名第15，景气水平小幅低于100中性值，科创金融发展总体处于相对不景气的状态。

从综合景气度评分构成来看，成都科创金融在投资景气度方面表现较好，处于景气状态，在36个金融中心城市中排名第13。不过，融资景气度、绩效景气度和政策景气度均低于100中性值，处于不景气状态，分别在36个金融中心城市中排名第19、第14和第25（见表10.15.1）。

表10.15.1　2022年成都科创金融景气度分项排名情况

科创金融综合景气度构成	指数得分	指数排名
科创金融融资景气度	77.69	19
科创金融投资景气度	103.07	13
科创金融绩效景气度	98.76	14
科创金融政策景气度	99.82	25

从具体指标构成来看，成都在科创型企业当前融资成本优化水平方面具有一定优势，排在了36个金融中心城市第2位；科创型企业融资意愿强，其未来融资扩大意愿评分排在了第7位；财政科技支出占比达到了6.24%，超过国内均值2.39个百分点，排在第9位；此外，在科创型企业当前融资便利度、金融机构专项科创融资供给情况和科创金融政策支持力度等方面也具有一定优势，分别在36个金融中心城市中排名第10、第11和第11。不过，科技保险渗透情况表现相对不佳，排在了36个金融中心城市第34位，具有一定差距（见表10.15.2）。

表 10.15.2　2022 年成都科创金融景气度主要指标排名

一级指标	二级指标	单位	年份	国内均值	成都	排名
融资景气度	普惠小微企业贷款余额占全部比重	%	2021	9.69	7.30	15
	单位 GDP 科创型企业直接融资增量	%	2022	0.67	0.27	17
	科创型企业当前融资便利度	分	2022	98.68	103.71	10
	科创型企业当前融资成本优化水平	分	2022	80.46	108.33	2
	金融机构专项科创融资供给情况	分	2022	135.50	140.38	11
	科创型企业未来融资扩大意愿	分	2022	142.20	153.85	7
投资景气度	全社会研发投入强度	%	2021	2.42	3.17	12
	科创型企业研发扩大意愿	分	2022	167.18	167.35	19
	科创型企业投资扩大意愿	分	2022	124.05	127.78	16
	私募股权投资规模与 GDP 之比	%	2022	0.57	1.01	29
	私募股权投资需求扩张趋势	分	2022	148.17	143.90	25
	财政科技支出占比	%	2022	3.85	6.24	9
绩效景气度	科创产业发展基础评价	分	2022	150.81	150.94	19
	科创产业发展潜力评价	分	2022	164.69	162.26	21
	单位 GDP 高新技术企业数	家/亿元	2022	0.28	0.33	27
	单位 GDP 国家级“小巨人”企业数	家/百亿元	2022	0.74	0.67	22
	单位 GDP 科创型企业上市数	家/千亿元	2022	0.91	1.07	16
	单位 GDP 科创型企业总市值	%	2022	10.10	6.48	21
	单位人口 SCI 论文发表数	篇/万人	2022	5.52	21.18	17
	单位人口新增发明专利授权量	件/万人	2022	5.65	9.21	17
政策景气度	科创金融政策支持力度	分	2022	163.61	168.63	11
	政府引导基金发展情况	分	2022	150.07	156.25	13
	获得政府性融资担保服务情况	分	2022	139.84	140.89	18
	科技保险渗透情况	分	2022	129.84	111.54	34
	综合金融服务平台发展情况	分	2022	157.59	158.14	19
	单位人口国家级创新载体数	家/百万人	2022	2.40	2.93	29
	本地科创金融创新氛围	分	2022	150.05	143.75	25
	本地科创金融发展潜力	分	2022	165.28	161.00	27

10.16　长沙

长沙科创金融景气度与36个金融中心城市的均值水平比较如图10.16.1所示。

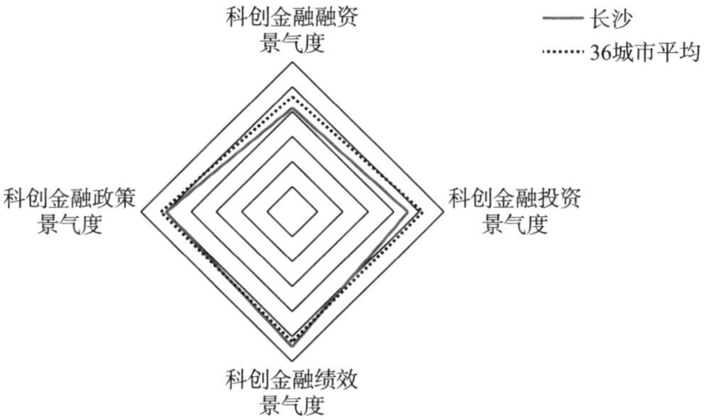

图10.16.1　2022年长沙科创金融景气度与36个金融中心城市均值水平比较

2022年长沙地区生产总值为13966亿元，2021年金融业增加值为973.5亿元（在36个金融中心城市中排名第19），占当年GDP比重达到了7.3%（在36个金融中心城市中排名第32）。本期长沙科创金融综合景气度指数为94.52，在36个金融中心城市中排名第16，景气水平小幅低于100中性值，科创金融发展总体处于相对不景气的状态。

从综合景气度评分构成来看，长沙科创金融在绩效景气度方面表现较好，在36个金融中心城市中该分项排名第10，处于景气状态。不过，融资景气度、投资景气度和政策景气度均低于100中性值，处于不景气状态，分别在36个金融中心城市中排名第17、第20和第29（见表10.16.1）。

表10.16.1　2022年长沙科创金融景气度分项排名情况

科创金融综合景气度构成	指数得分	指数排名
科创金融融资景气度	82.34	17
科创金融投资景气度	90.16	20
科创金融绩效景气度	106.85	10
科创金融政策景气度	98.72	29

从具体指标构成来看，长沙在科创型企业研发扩大意愿方面评分表现较好，排名同期第3位；科创产业发展潜力较好，评价得分排名第9位。科创型企业培育成效突出，每千亿元GDP科创型企业上市数达到1.58家，排在第8位；单位GDP科创型企业总市值排在第9位。每万人SCI论文发表数达到了30.32篇，排名第9位。在单位人口新增发明专利授权量、单位人口国家级创新载体数等方面也具有一定比较优势，略高于国内均值水平。不过，科创型企业当前融资便利度、金融机构专项科创融资供给情况和私募股权投资需求扩张趋势等方面低于全国或同期36个金融中心城市平均水平（见表10.16.2）。

表10.16.2　2022年长沙科创金融景气度主要指标排名

一级指标	二级指标	单位	年份	国内均值	长沙	排名
融资景气度	普惠小微企业贷款余额占全部比重	%	2021	9.69	5.49	23
	单位GDP科创型企业直接融资增量	%	2022	0.67	0.58	7
	科创型企业当前融资便利度	分	2022	98.68	84.50	33
	科创型企业当前融资成本优化水平	分	2022	80.46	71.44	26
	金融机构专项科创融资供给情况	分	2022	135.50	113.95	34
	科创型企业未来融资扩大意愿	分	2022	142.20	140.68	21
投资景气度	全社会研发投入强度	%	2021	2.42	2.77	17
	科创型企业研发扩大意愿	分	2022	167.18	180.36	3
	科创型企业投资扩大意愿	分	2022	124.05	113.56	29
	私募股权投资规模与GDP之比	%	2022	0.57	1.62	23
	私募股权投资需求扩张趋势	分	2022	148.17	133.33	30
	财政科技支出占比	%	2022	3.85	5.07	13
绩效景气度	科创产业发展基础评价	分	2022	150.81	151.11	17
	科创产业发展潜力评价	分	2022	164.69	172.82	9
	单位GDP高新技术企业数	家/亿元	2022	0.28	0.47	16
	单位GDP国家级“小巨人”企业数	家/百亿元	2022	0.74	1.04	11
	单位GDP科创型企业上市数	家/千亿元	2022	0.91	1.58	8
	单位GDP科创型企业总市值	%	2022	10.10	15.82	9
	单位人口SCI论文发表数	篇/万人	2022	5.52	30.32	9
	单位人口新增发明专利授权量	件/万人	2022	5.65	12.08	13

续表

一级指标	二级指标	单位	年份	国内均值	长沙	排名
政策景气度	科创金融政策支持力度	分	2022	163.61	168.00	16
	政府引导基金发展情况	分	2022	150.07	138.10	29
	获得政府性融资担保服务情况	分	2022	139.84	136.79	21
	科技保险渗透情况	分	2022	129.84	127.91	20
	综合金融服务平台发展情况	分	2022	157.59	153.66	28
	单位人口国家级创新载体数	家/百万人	2022	2.40	3.32	26
	本地科创金融创新氛围	分	2022	150.05	150.00	18
	本地科创金融发展潜力	分	2022	165.28	163.73	20

10.17 天津

天津科创金融景气度与 36 个金融中心城市的均值水平比较如图 10.17.1 所示。

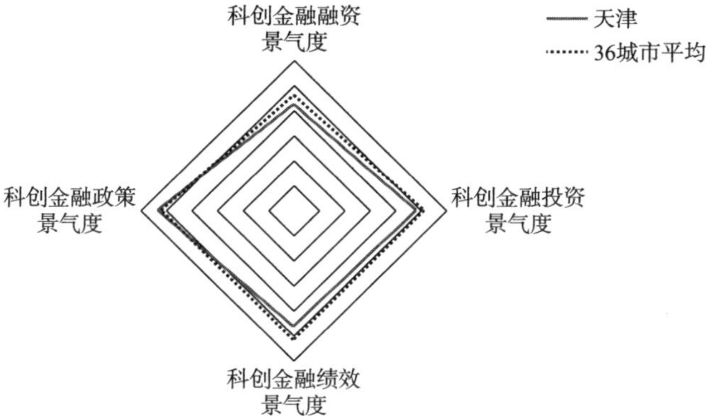

图 10.17.1　2022 年天津科创金融景气度与 36 个金融中心城市均值水平比较

2022 年天津地区生产总值为 16311 亿元，2021 年金融业增加值为 2153.2 亿元（在 36 个金融中心城市中排名第 8），占当年 GDP 比重达到了 13.7%（在 36 个金融中心城市中排名第 5）。本期天津科创金融综合景气度指数为 94.42，在 36 个金融中心城市中排名第 17，景气水平小幅低于 100 中性值，科创金融发展总体处于相对不景气的状态。

从综合景气度评分构成来看，天津科创金融在政策景气度方面表现较好，超过100中性值，处于景气状态，位列36个金融中心城市的第11。不过，融资景气度、投资景气度和绩效景气度均低于100中性值，处于不景气状态，在这三个方面的发展活跃度有待提升（见表10.17.1）。

表10.17.1　2022年天津科创金融景气度分项排名情况

科创金融综合景气度构成	指数得分	指数排名
科创金融融资景气度	84.18	16
科创金融投资景气度	95.77	17
科创金融绩效景气度	91.94	18
科创金融政策景气度	105.78	11

从具体指标构成来看，天津在科创型企业当前融资便利度方面具有比较优势，优于同期36个金融中心城市平均水平，指标值排名第9位；全社会研发投入强度高，超过国内均值1.24个百分点，排在第6位；科创型企业培育成效突出，单位GDP高新技术企业数和单位GDP国家级“小巨人”企业数显著高于国内平均水平，均排在36个金融中心城市的第7位；基础研究创新成果丰富，2022年平均每万人发表SCI论文数达到了22.60篇，是同期全国平均水平的4.1倍；创新土壤优越，单位人口国家级创新载体数为7.36家/百万人，是同期全国平均水平的3.1倍，指标值排名第8位；在科创产业发展基础评价、发展潜力评价和本地科创金融发展潜力等方面也具有一定比较优势；不过在科创型企业当前融资成本优化水平、科创型企业未来融资扩大意愿和科创型企业研发扩大意愿等方面与国内平均水平有一定差距（见表10.17.2）。

表10.17.2　2022年天津科创金融景气度主要指标排名

一级指标	二级指标	单位	年份	国内均值	天津	排名
融资景气度	普惠小微企业贷款余额占全部比重	%	2021	9.69	5.12	25
	单位GDP科创型企业直接融资增量	%	2022	0.67	0.54	8
	科创型企业当前融资便利度	分	2022	98.68	104.34	9
	科创型企业当前融资成本优化水平	分	2022	80.46	72.24	24
	金融机构专项科创融资供给情况	分	2022	135.50	138.10	16
	科创型企业未来融资扩大意愿	分	2022	142.20	121.67	35

续表

一级指标	二级指标	单位	年份	国内均值	天津	排名
投资景气度	全社会研发投入强度	%	2021	2. 42	3. 66	6
	科创型企业研发扩大意愿	分	2022	167. 18	160. 00	29
	科创型企业投资扩大意愿	分	2022	124. 05	128. 81	15
	私募股权投资规模与GDP之比	%	2022	0. 57	2. 68	15
	私募股权投资需求扩张趋势	分	2022	148. 17	145. 16	21
	财政科技支出占比	%	2022	3. 85	2. 25	22
绩效景气度	科创产业发展基础评价	分	2022	150. 81	159. 52	13
	科创产业发展潜力评价	分	2022	164. 69	166. 99	15
	单位GDP高新技术企业数	家/亿元	2022	0. 28	0. 61	7
	单位GDP国家级“小巨人”企业数	家/百亿元	2022	0. 74	1. 13	7
	单位GDP科创型企业上市数	家/千亿元	2022	0. 91	0. 86	18
	单位GDP科创型企业总市值	%	2022	10. 10	11. 25	12
	单位人口SCI论文发表数	篇/万人	2022	5. 52	22. 60	14
	单位人口新增发明专利授权量	件/万人	2022	5. 65	8. 55	18
政策景气度	科创金融政策支持力度	分	2022	163. 61	163. 00	23
	政府引导基金发展情况	分	2022	150. 07	158. 06	12
	获得政府性融资担保服务情况	分	2022	139. 84	142. 86	16
	科技保险渗透情况	分	2022	129. 84	141. 03	10
	综合金融服务平台发展情况	分	2022	157. 59	155. 17	25
	单位人口国家级创新载体数	家/百万人	2022	2. 40	7. 36	8
	本地科创金融创新氛围	分	2022	150. 05	150. 00	18
	本地科创金融发展潜力	分	2022	165. 28	171. 74	11

10.18 合肥

合肥科创金融景气度与36个金融中心城市的均值水平比较如图10.18.1所示。

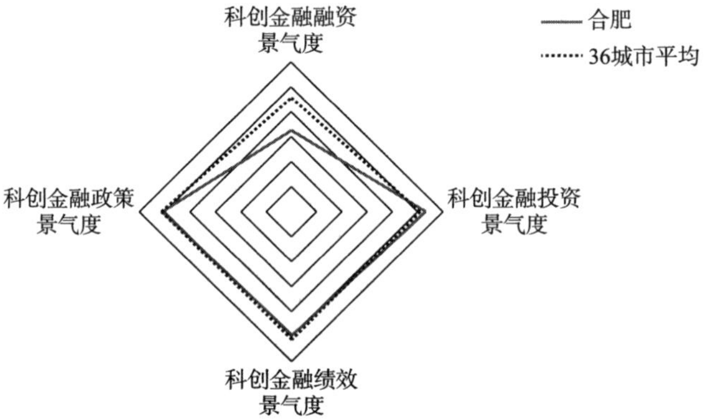

图10.18.1 2022年合肥科创金融景气度与36个金融中心城市均值水平比较

2022年合肥地区生产总值为12013亿元，2021年金融业增加值为1065.9亿元（在36个金融中心城市中排名第16），占当年GDP比重达到了9.3%（在36个金融中心城市中排名第23）。本期合肥科创金融综合景气度指数为93.29，在36个金融中心城市中排名第18，景气水平小幅低于100中性值，科创金融发展总体处于相对不景气的状态。

从综合景气度评分构成来看，合肥科创金融在投资景气度和政策景气度方面表现较好，高于100中性值，处于景气状态，在36个金融中心城市中分别排名第7和第17。不过，融资景气度和绩效景气度均低于100中性值，处于不景气状态，分别在36个金融中心城市中排名第27和第13（见表10.18.1）。

表10.18.1 2022年合肥科创金融景气度分项排名情况

科创金融综合景气度构成	指数得分	指数排名
科创金融融资景气度	65.07	27
科创金融投资景气度	106.51	7
科创金融绩效景气度	99.40	13
科创金融政策景气度	102.19	17

从具体指标构成来看，合肥在科创型企业未来融资扩大意愿方面具有一定优势，指标值排在第 8 位；全社会研发投入强度高于国内均值，达到了 3.31%，排在第 10 位；私募股权投资规模与 GDP 之比较高，达到了 4.27%，是国内均值的 7.5 倍，排在第 9 位；财政对科技的支持相对充足，财政科技支出占比达到了 17.52%，排在第 1 位；科创产业发展潜力评价较高，指标值排在同期的第 5 位；每千亿元 GDP 科创型企业上市数达到了 1.75 家，排在第 6 位；除此之外，在科创金融政策支持力度、获得政府性融资担保服务情况等方面也具有一定比较优势。不过，科创型企业当前融资便利度和科创型企业当前融资成本优化水平以及本地科创金融创新氛围等部分指标低于全国或同期 36 个金融中心城市平均水平，且差距较显著（见表 10.18.2）。

表 10.18.2　2022 年合肥科创金融景气度主要指标排名

一级指标	二级指标	单位	年份	国内均值	合肥	排名
融资景气度	普惠小微企业贷款余额占全部比重	%	2021	9.69	9.63	9
	单位 GDP 科创型企业直接融资增量	%	2022	0.67	0.37	14
	科创型企业当前融资便利度	分	2022	98.68	84.19	34
	科创型企业当前融资成本优化水平	分	2022	80.46	65.34	33
	金融机构专项科创融资供给情况	分	2022	135.50	134.88	22
	科创型企业未来融资扩大意愿	分	2022	142.20	153.57	8
投资景气度	全社会研发投入强度	%	2021	2.42	3.31	10
	科创型企业研发扩大意愿	分	2022	167.18	162.07	25
	科创型企业投资扩大意愿	分	2022	124.05	126.67	17
	私募股权投资规模与 GDP 之比	%	2022	0.57	4.27	9
	私募股权投资需求扩张趋势	分	2022	148.17	145.16	21
	财政科技支出占比	%	2022	3.85	17.52	1
绩效景气度	科创产业发展基础评价	分	2022	150.81	159.09	14
	科创产业发展潜力评价	分	2022	164.69	175.00	5
	单位 GDP 高新技术企业数	家/亿元	2022	0.28	0.53	10
	单位 GDP 国家级"小巨人"企业数	家/百亿元	2022	0.74	1.09	10
	单位 GDP 科创型企业上市数	家/千亿元	2022	0.91	1.75	6
	单位 GDP 科创型企业总市值	%	2022	10.10	9.90	16
	单位人口 SCI 论文发表数	篇/万人	2022	5.52	26.27	11
	单位人口新增发明专利授权量	件/万人	2022	5.65	13.37	10

续表

一级指标	二级指标	单位	年份	国内均值	合肥	排名
政策景气度	科创金融政策支持力度	分	2022	163.61	169.23	9
	政府引导基金发展情况	分	2022	150.07	150.00	21
	获得政府性融资担保服务情况	分	2022	139.84	151.00	6
	科技保险渗透情况	分	2022	129.84	135.71	13
	综合金融服务平台发展情况	分	2022	157.59	154.55	26
	单位人口国家级创新载体数	家/百万人	2022	2.40	4.86	21
	本地科创金融创新氛围	分	2022	150.05	131.43	34
	本地科创金融发展潜力	分	2022	165.28	166.32	19

10.19 沈阳

沈阳科创金融景气度与36个金融中心城市的均值水平比较如图10.19.1所示。

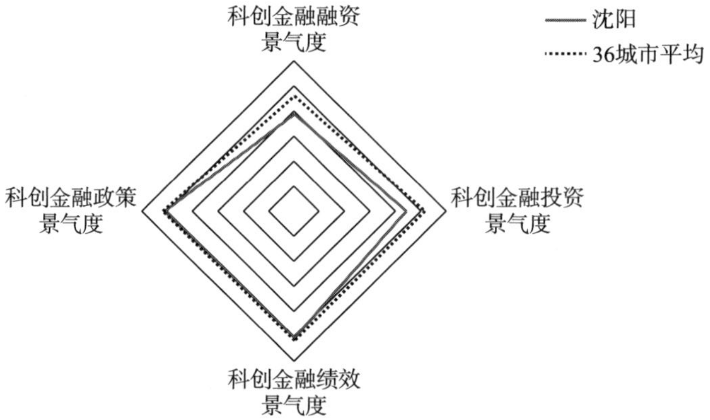

图10.19.1　2022年沈阳科创金融景气度与36个金融中心城市均值水平比较

2022年沈阳地区生产总值为7696亿元，2021年金融业增加值为513.3亿元（在36个金融中心城市中排名第32），占当年GDP比重达到了7.1%（在36个金融中心城市中排名第35）。本期沈阳科创金融综合景气度指数为91.66，在36个金融中心城市中排名第19，景气水平小幅低于100中性值，科创金融发展总体处于相对不景气的状态。

从综合景气度评分构成来看，沈阳科创金融在绩效景气度和政策景气度方面表现较好，均处于景气状态，其中绩效景气度分项排名第 12。不过，融资景气度和投资景气度均大幅低于 100 中性值，处于不景气状态，两者的发展活跃度有待提升（见表 10.19.1）。

表 10.19.1 2022 年沈阳科创金融景气度分项排名情况

科创金融综合景气度构成	指数得分	指数排名
科创金融融资景气度	77.10	20
科创金融投资景气度	87.53	25
科创金融绩效景气度	100.70	12
科创金融政策景气度	101.30	21

从具体指标构成来看，沈阳在科创型企业当前融资的便利度和成本优化水平方面具有比较优势，科创型企业当前融资便利度和科创型企业当前融资成本优化水平均优于同期 36 个金融中心城市平均水平，指标值分别排名第 13 和第 8；私募股权投资需求扩张趋势明显，指标值排名同期第 12 位；科创型企业培育成效突出，每亿元 GDP 拥有的高新技术企业数为 0.47 家，是同期全国平均水平的 1.7 倍，指标值排名第 10 位；基础研究创新成果丰富，2022 年平均每万人发表 SCI 论文达到了 18.32 篇，是同期全国平均水平的 3.3 倍；在综合金融服务平台发展情况、本地科创金融创新氛围等方面也具有一定比较优势。除此之外，其他相关指标均低于全国或同期 36 个金融中心城市平均水平，且相应差距较显著（见表 10.19.2）。

表 10.19.2 2022 年沈阳科创金融景气度主要指标排名

一级指标	二级指标	单位	年份	国内均值	沈阳	排名
融资景气度	普惠小微企业贷款余额占全部比重	%	2021	9.69	3.22	32
	单位 GDP 科创型企业直接融资增量	%	2022	0.67	2.60	30
	科创型企业当前融资便利度	分	2022	98.68	101.60	13
	科创型企业当前融资成本优化水平	分	2022	80.46	93.62	8
	金融机构专项科创融资供给情况	分	2022	135.50	138.78	15
	科创型企业未来融资扩大意愿	分	2022	142.20	121.74	34

续表

一级指标	二级指标	单位	年份	国内均值	沈阳	排名
投资景气度	全社会研发投入强度	%	2021	2. 42	2. 85	16
	科创型企业研发扩大意愿	分	2022	167. 18	160. 87	27
	科创型企业投资扩大意愿	分	2022	124. 05	113. 04	31
	私募股权投资规模与 GDP 之比	%	2022	0. 57	1. 44	30
	私募股权投资需求扩张趋势	分	2022	148. 17	153. 33	12
	财政科技支出占比	%	2022	3. 85	2. 08	27
绩效景气度	科创产业发展基础评价	分	2022	150. 81	136. 54	29
	科创产业发展潜力评价	分	2022	164. 69	167. 12	14
	单位 GDP 高新技术企业数	家/亿元	2022	0. 28	0. 47	10
	单位 GDP 国家级“小巨人”企业数	家/百亿元	2022	0. 74	0. 65	12
	单位 GDP 科创型企业上市数	家/千亿元	2022	0. 91	0. 74	17
	单位 GDP 科创型企业总市值	%	2022	10. 10	10. 14	13
	单位人口 SCI 论文发表数	篇/万人	2022	5. 52	18. 32	19
	单位人口新增发明专利授权量	件/万人	2022	5. 65	4. 68	26
政策景气度	科创金融政策支持力度	分	2022	163. 61	159. 15	29
	政府引导基金发展情况	分	2022	150. 07	143. 59	25
	获得政府性融资担保服务情况	分	2022	139. 84	132. 49	29
	科技保险渗透情况	分	2022	129. 84	113. 51	32
	综合金融服务平台发展情况	分	2022	157. 59	166. 67	8
	单位人口国家级创新载体数	家/百万人	2022	2. 40	3. 20	23
	本地科创金融创新氛围	分	2022	150. 05	160. 87	7
	本地科创金融发展潜力	分	2022	165. 28	169. 12	14

10.20　福州

福州科创金融景气度与36个金融中心城市的均值水平比较如图10.20.1所示。

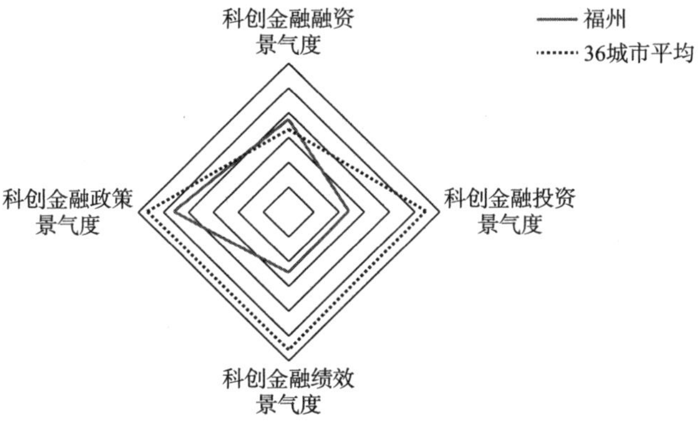

图10.20.1　2022年福州科创金融景气度与36个金融中心城市均值水平比较

2022年福州地区生产总值为12308亿元，2021年金融业增加值为1189.9亿元（在36个金融中心城市中排名第13），占当年GDP比重达到了10.5%（在36个金融中心城市中排名第20）。本期福州科创金融综合景气度指数为91.36，在36个金融中心城市中排名第20，景气水平低于100中性值，科创金融发展总体处于相对不景气的状态。

从综合景气度评分构成来看，福州科创金融在各分项景气度方面均处于不景气状态（低于100中性值），其中投资景气度和政策景气度分项排名相对靠后，分别位列第27和第31，各方面的发展活跃度均有待提升（见表10.20.1）。

表10.20.1　2022年福州科创金融景气度分项排名情况

科创金融综合景气度构成	指数得分	指数排名
科创金融融资景气度	93.37	11
科创金融投资景气度	86.89	27
科创金融绩效景气度	87.32	20
科创金融政策景气度	97.85	31

从具体指标构成来看，福州在普惠小微企业贷款余额占全部比重方面具有一定优势，达到了10.21%，排第7位；政府引导基金发展情况较好，评分排在第8位；获得政府性融资担保服务情况评分也相对较优，排在第11位；在金融机构专项科创融资供给情况、本地科创金融创新氛围等方面也具有一定比较优势（见表10.20.2）。

表10.20.2　2022年福州科创金融景气度主要指标排名

一级指标	二级指标	单位	年份	国内均值	福州	排名
融资景气度	普惠小微企业贷款余额占全部比重	%	2021	9.69	10.21	7
	单位GDP科创型企业直接融资增量	%	2022	0.67	0.17	20
	科创型企业当前融资便利度	分	2022	98.68	91.37	26
	科创型企业当前融资成本优化水平	分	2022	80.46	74.09	22
	金融机构专项科创融资供给情况	分	2022	135.50	138.89	14
	科创型企业未来融资扩大意愿	分	2022	142.20	133.33	30
投资景气度	全社会研发投入强度	%	2021	2.42	2.20	26
	科创型企业研发扩大意愿	分	2022	167.18	159.57	30
	科创型企业投资扩大意愿	分	2022	124.05	102.08	34
	私募股权投资规模与GDP之比	%	2022	0.57	0.61	33
	私募股权投资需求扩张趋势	分	2022	148.17	146.34	20
	财政科技支出占比	%	2022	3.85	3.32	19
绩效景气度	科创产业发展基础评价	分	2022	150.81	150.91	20
	科创产业发展潜力评价	分	2022	164.69	161.76	22
	单位GDP高新技术企业数	家/亿元	2022	0.28	0.30	29
	单位GDP国家级“小巨人”企业数	家/百亿元	2022	0.74	0.54	26
	单位GDP科创型企业上市数	家/千亿元	2022	0.91	0.73	20
	单位GDP科创型企业总市值	%	2022	10.10	4.50	24
	单位人口SCI论文发表数	篇/万人	2022	5.52	15.93	25
	单位人口新增发明专利授权量	件/万人	2022	5.65	5.38	25
政策景气度	科创金融政策支持力度	分	2022	163.61	163.64	22
	政府引导基金发展情况	分	2022	150.07	160.47	8
	获得政府性融资担保服务情况	分	2022	139.84	146.81	11
	科技保险渗透情况	分	2022	129.84	127.78	21
	综合金融服务平台发展情况	分	2022	157.59	142.86	32
	单位人口国家级创新载体数	家/百万人	2022	2.40	2.38	33
	本地科创金融创新氛围	分	2022	150.05	156.82	14
	本地科创金融发展潜力	分	2022	165.28	156.52	31

实践篇

第 11 章　济南科创金融景气度调查画像

济南大力建设科创金融改革试验区，通过政金企紧密合作，打造“科技—产业—金融”良性循环，探索金融服务科创路径，经历一年多发展已取得阶段性成效。通过本次针对科创型企业、金融中介机构的抽样调查发现，济南在科创金融相关的产品、服务、政策、人才等方面既有喜人的表现，也存在不足。

11.1　金融机构支持科创发展意愿加强，融资供给水平显著提升

面向科创领域的融资供给十分充足。2022 年济南金融机构专项科创融资供给排在第 7 位，仅次于广州、深圳、杭州、无锡、贵阳和温州（见图 11.1.1）。为支

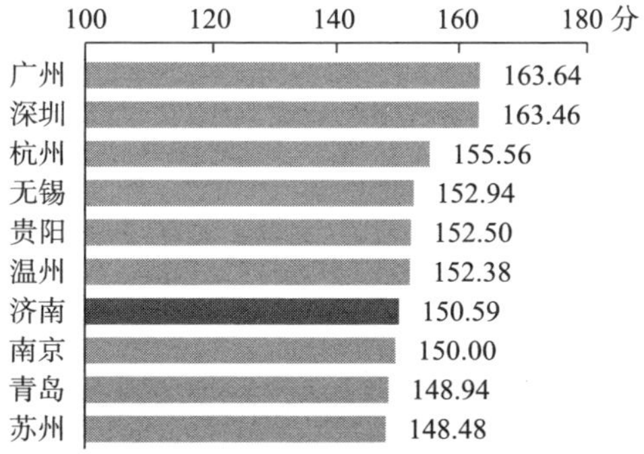

图 11.1.1　2022 年 36 个金融中心城市金融机构专项科创融资供给情况评分十强

持科创型企业发展，以金融“活水”浇灌企业全生命周期，济南各金融机构积极创新产品线。据调查，济南 75.0% 的受访金融机构开发了专门面向科创型企业的金融产品。此外，金融机构纷纷设置科创金融专项部门，目前已有约 60.2% 的金融机构设置了面向科创型企业的分支机构或是业务团队，以支持科创型企业更好地获得金融服务，提升对科创型企业的服务质量，助力科创型企业高质量发展。

面向科创领域的专项服务支持领先。在未来金融机构对科创型企业支持力度调查中，济南拔得头筹，位列第 1（见图 11.1.2），其中 74.2% 的受访者指出其所在的金融机构科创金融产品创新积极性高，排在 36 个金融中心城市的第 1 位，远超 36 个金融中心城市的平均值 53.2%；未来济南科创金融产品可能会变得更多元化，能更好满足科创型企业个性化需求。此外，约 88.4% 的金融机构从业者认为通过创新加大对科创型企业的支持力度将持续提升，同样位列 36 个金融中心城市第 1，体现“试验区”成立给济南科创金融带来的显著影响，未来将进一步拓宽金融服务科创通道，创新金融产品以更有效满足科创型企业多样性、差异化金融需求。

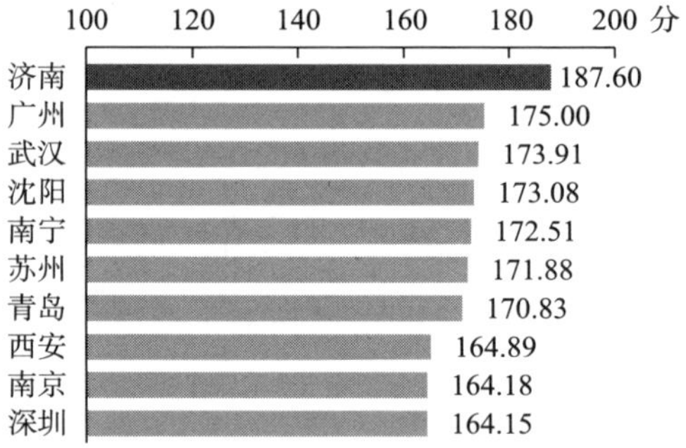

图 11.1.2　2022 年 36 个金融中心城市的未来金融机构对科创型企业支持力度评分十强

11.2　科创融资成本优化改善显著，企业研发投入意愿增强

科创型企业获得融资服务的质量显著提升。2022 年济南科创型企业当前

融资成本优化水平评分排在36个金融中心城市第6位，仅次于苏州、成都、武汉、南京和青岛（见图11.2.1）。据调查，有60.5%的受访科创型企业表示，在试验区成立后，获取金融机构服务所需要的成本降低或是保持不变；但69.3%的受访科创型企业认为获得金融机构服务的效率显著提升，在36个主要城市中位居第2；60.2%的企业感觉获取金融机构服务的难度下降，排在36个城市中第1位。在获取成本保持不变甚至降低的情况下，金融机构提升了服务效率，降低了金融服务获取难度，使科创型企业享受到了更加优质的金融服务，充分体现了金融赋能科创型企业的精神。

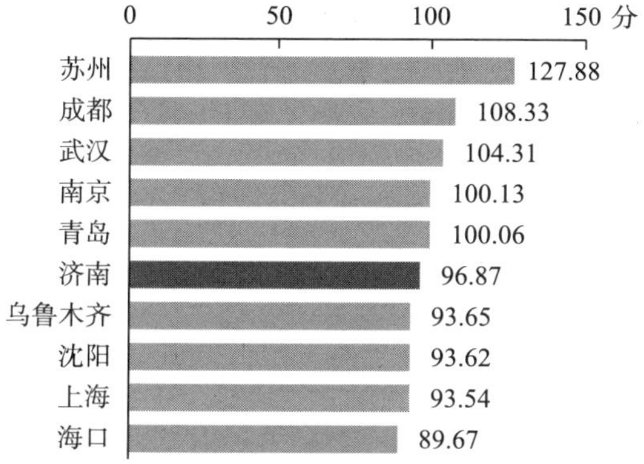

图11.2.1　2022年36个金融中心城市科创型企业当前融资成本优化水平评分十强

济南科创型企业普遍表示要加大研发投入。在科创型企业研发投入的调查评分中，济南超过长春和南京等城市位列第1（见图11.2.2）。据调查，绝大多数的济南科创型企业十分重视研发投入，有66.1%的受访科创型企业研发经费占营业收入比重大于5%，位列36个金融中心城市第1；接近97%的科创型企业研发投入占比超1%。有71.3%的受访科创型企业表示未来的研发投入将继续提升，排在36个金融中心城市的上游。这表明在试验区的支持下，科创型企业对于未来发展有着充足的信心，能够持续发展经营，将研发投入转化为营业收入。这一方面表明济南的科创型企业经营状况相对良好，处于蓬勃发展阶段；另一方面说明它们看好所拥有的科技创新技术，未来有望以技术进步带动城市发展。

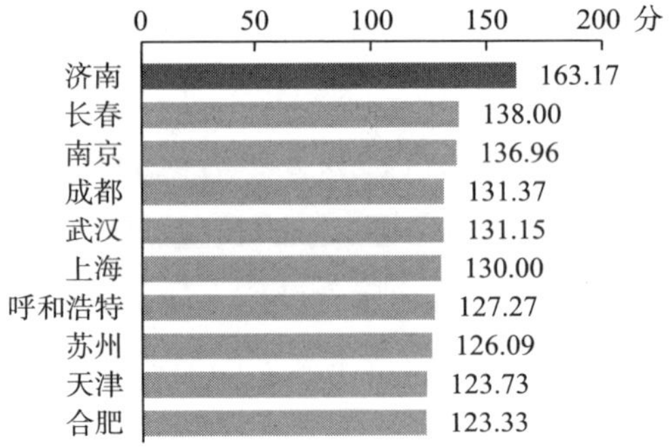

图 11.2.2　2022 年 36 个金融中心城市科创型企业当前研发投入评分十强

11.3　科创金融政策支持持续增强，城市科创发展潜力巨大

地方政府支持科创金融发展的力度显著增强。在本次调查的 36 个金融中心城市中，济南科创金融政策支持力度排在第 4 位，仅次于苏州、西安和武汉（见图 11.3.1）。在受访的科创型企业中，约 94.3% 的科创型企业能够获得政府补贴、融资支持，约 74.28% 的科创型企业表示支持政策变得更好，约 71.43% 的科创型企业认为所处行业支持力度增强；这都说明济南政府支持科创型企业的力度在不断加大，并且落到了实处，使济南科创型企业真正在政策中获益，成功推动科创型企业更好更快发展。此外，在受访的科创型企业中，约 78.5% 的科创型企业认为济南政府引导基金发展较好，约 50.7% 的科创型企业与面向中小企业

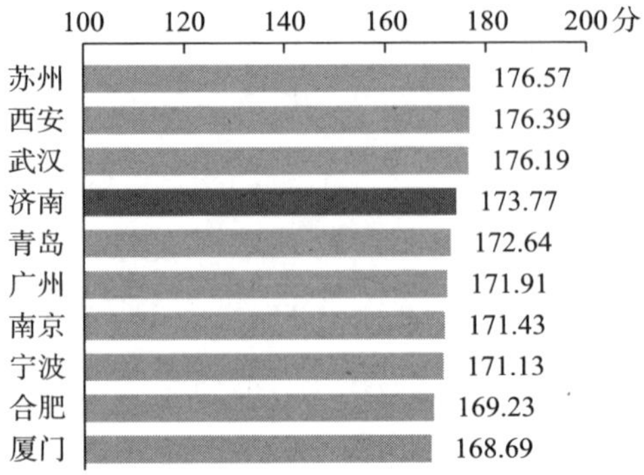

图 11.3.1　2022 年 36 个金融中心城市科创金融政策支持力度评分十强

的综合金融服务平台进行了合作；整体而言，济南政府使用了多种方式扶持科创型企业发展，约 67.9% 的科创型企业认为济南政府在政策上给予了充分支持。

城市科创发展潜力明显提升。本次调查发现，济南整体科创发展潜力有了长足进步，城市科创发展潜力评分排在 36 个金融中心城市的第 4 位，仅次于深圳、广州和南京（见图 11.3.2）。目前，79.0% 的受访者认为济南科技创新及科创企业发展潜力较大，说明科创金融改革试验区显著增强了全社会对济南科创事业的发展信心和预期，未来有望吸引更多科创型企业落户济南，济南科创发展有望步入快车道，实现在科创领域影响力的逐步提升。

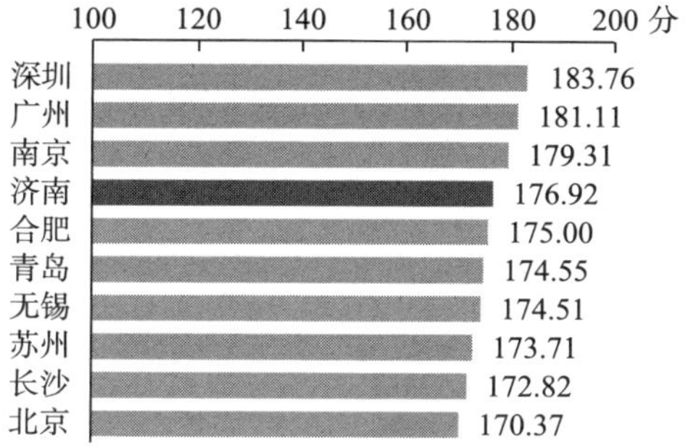

图 11.3.2　2022 年 36 个金融中心城市的城市科创发展潜力评分十强

11.4　科创金融产品创新不足，专项产品服务渗透率相对较低

面向科创企业的金融服务创新水平相对不足。以投贷联动业务创新开展情况为例，对比本期科创金融综合景气度排名前十城市，受访的济南金融中介机构的投贷联动开展率仅 45.5%（见图 11.4.1），在 36 个金融中心城市中排第 9 位，相对杭州、深圳、上海等排名领先城市有较大差距。受访金融机构表示服务科创型企业面临三个方面的困难，包括对企业发展前景不清晰（51.5%）、企业缺少抵押担保物品（45.6%）以及服务风险大（44.1%）。

与此同时，受访金融中介机构表示，阻碍科创金融产品创新的主要因素分别是机构权限不足（34.2%）和创新风险高（23.3%）。综合来看，济南本

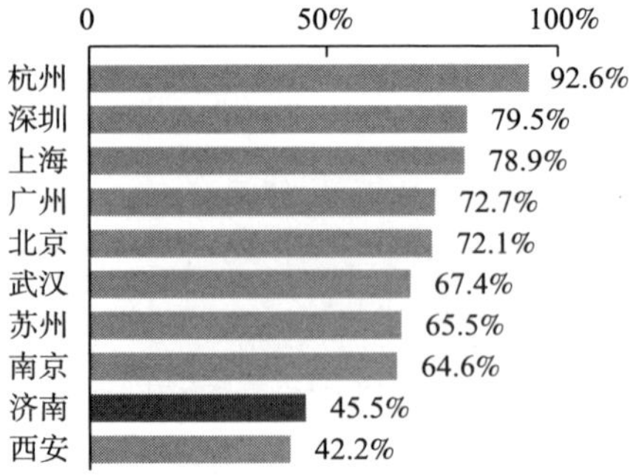

图 11.4.1　科创金融综合景气度排名前十城市投贷联动业务创新开展情况

地金融中介机构服务核心困境在于如何平衡服务科创型企业的风险和收益；建议在减少科创型企业和金融机构间信息差的基础上，探索引入面向科创领域特点的创新服务和风险管控机制，将创新带来的风险维持在可控范围。

面向科创领域的专项融资服务产品渗透率相对不足。对比科创金融综合景气度排名前十城市，仅 22.9% 的济南受访科创型企业使用过专项科创金融产品（见图 11.4.2），在 36 个金融中心城市中排在末位。其中，仅 22.3% 的受访科创型企业使用过专门的科创贷款，70.1% 受访科创型企业表示不了解科创保险（见图 11.4.3），仅有 29.1% 的受访者了解并使用政府性融资担保机构的担保服务。尽管超过七成受访金融机构表示已经开发了针对科创型企业的特色金融产品，但是在实际应用上，济南科创型企业并没有充分利用已有的特色金融产品。造成这种情况的原因，一方面可能是金融机构开发的专

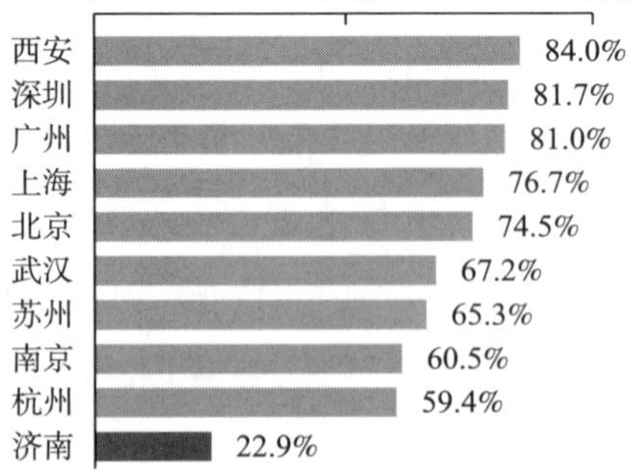

图 11.4.2　科创金融综合景气度排名前十城市专项科创金融产品使用情况

项金融产品适配性不足，另一方面可能是相关各方对这类专项产品的宣传推广力度不足。

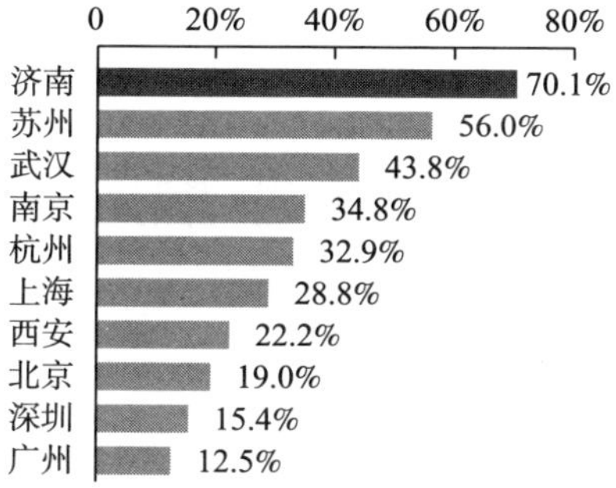

图 11.4.3　科创金融综合景气度排名前十城市不了解科创保险比例

第 12 章　济南科创金融发展总体成效

济南科创金融改革试验区致力于探索金融服务科创型企业模式，现已取得阶段性成效，形成“科技—产业—金融”的循环雏形，在金融可持续发展能力和科技创新活力等方面得到了显著提升。立足当下，回看过往，构建科创金融指数评估发展体系，深入研究阻碍科创金融发展问题，推动科创金融改革试验区高质量发展，为科创金融改革提供优秀发展路径和宝贵实践经验。

12.1　打造全国首个科创金融改革试验区

近年来，济南始终致力于建立具有全国影响力、带动力、示范性的金融与实体经济发展良性循环机制，畅通金融资本进入实体经济的通道，降低实体经济融资成本。科技和金融深度融合发展是增强经济竞争力的关键，是实现高质量发展的必然选择，作为重要的区域性金融中心，济南科创金融在构建风险分担机制、依托金融科技提升服务中小微企业能力等方面深化创新，大幅提升科创金融区域影响力与辐射度，有力支持本地和周边地区实体经济发展与新旧动能转换。2021 年 11 月 25 日，经国务院同意，《山东省济南市建设科创金融改革试验区总体方案》正式印发，济南市成为全国首个科创金融改革试点城市，被赋予了在科创金融改革领域先行先试的重任，为各城市探索金融更好地服务科创型企业提供范例。

根据《济南市建设科创金融改革试验区实施方案》文件精神，济南要建设完善覆盖科技创新全周期的金融生态链，联动实体、科创、金融、人才等多个方面，寻找金融与科创紧密结合的发展模式，努力将试验区打造成为“科创金融改革发展示范区”。主要目标定位围绕以下五个方面展开。

一是以服务科创型企业为基础。构建以银证保为主、金融机构为辅的完备科创金融服务体系，丰富科创金融产品类型，拓展科创金融服务范围，完善科创金融要素市场，减少科创型企业经营发展困难，拓宽科创型企业融资渠道，助力科创型企业蓬勃发展。

二是以优化金融生态为支撑。加强信用体系建设，加大金融开放合作力度，提升跨境投融资便利度，优化金融政策，规范金融法治，加强人才支持，防控金融风险。为科创型企业营造良好营商环境，打通融资—研发—生产链条，让科创型企业在济南扎根。

三是以增强科创实力为引擎。以新技术、新产业、新业态、新模式为核心，以知识、技术、信息、数据等新生产要素为支撑，积极探索新旧动能转换方式，推动经济发展质量、效率和动力转变，提高全要素生产率，大力推进实体经济、科技创新、现代金融和人才资源的协调发展，打造使经济实现更高质、更高效、更公平、更可持续的体制机制，提升科创实力。

四是以提升产业结构为方向。聚焦前沿技术，瞄准全国前列，大力发展大数据与新一代信息技术、智能制造与高端装备、精品钢与先进材料、生物医药与大健康四大主导产业，全方位支持战略新兴产业，以优化产业结构为导向，以数字化转型为抓手，深度挖掘激发新老企业潜力，实现产业结构焕然一新。

五是以激发人才活力为先导。培育、引进和聚集一批顶尖人才、技术领军人物、金融高端人才和高水平创新队伍，形成高端人才资源库，鼓励金融机构与重点科创型企业开展人才双向交流，建立人才长效创新激励机制，激发创新创造活力，形成科研人才、金融人才、技术骨干、企业家等协同发展局面，打造试验区建设发展新格局。

除此之外，济南科创金融改革试验区也肩负着探索输出金融赋能科创与实体经济可复制、可推广经验的重任。为此，济南在后续科创金融改革试验方案贯彻实施中，提出了四大重点任务。

一是打造全覆盖的科创金融组织体系，完善要素市场体制建设。搭建以大型金融机构为骨架，以金融中介机构、地方金融组织和创业投资机构等组织机构为外延的立体式服务科创型企业组织体系，加大政策支持力度，鼓励开发科创金融特色产品，设立科创金融专营机构。重点支持创建科技信用信息共享共用平台，打造科创金融综合服务平台，优化“评—保—贷—投—易”五位一体服务模式，提高企业资本市场利用水平、健全知识产权交易市场。

二是加强科创金融产品和服务创新力度，丰富科创型企业资本市场融资渠道。深化金融机构与科创型企业双向合作，为科创金融改革试验区企业提供最优质、最高效的服务。鼓励金融机构立足科创型企业全生命周期设计产品，按照“一企一策”原则提高企业贷款获得率。鼓励金融机构开展科技成果转化贷款、知识产权质押贷款、股权质押贷款、应收账款质押贷款、商业票据质押贷款、“专精特新”贷款、“人才贷”等融资业务，加强保险兜底作用。支持企业采用上市、发债等渠道进行融资，打造“齐鲁科创板”，搭建上市服务基地，拓宽科创型企业资本市场融资渠道，为科创型企业提供长期融资支持。

三是提高重点领域科创金融支持，扩大合作交流与对外开放。充分发挥基金、供应链金融、金融科技等方面的赋能作用，聚焦大数据与新一代信息技术、智能制造与高端装备、精品钢与先进材料、生物医药与大健康等重点领域产业，带动试验区快速发展。加强区域间要素资源流通，积极推动跨境投融资业务，探索建立区域间合作共赢机制。

四是改善科创金融生态环境，健全完善政策扶持机制体系。在信用体系、营商环境、法治建设、风险防控等方面持续发力，建设更多样、稳定、持续、富有生机的金融生态环境。运用货币政策引导产业发展，制定合理监管措施规范企业经营，活用财税政策激发企业活力，强化人才保障，增厚发展潜力，最大化保障科创金融改革试验区发展。

12.2 构建国内首个城市科创金融发展统计监测指标体系

济南获批建设科创金融改革试验区以来，积极探索我国科创金融改革发展方向，构建了全国首个评估科创金融改革试验区现状及发展的统计监测指标体系，旨在评估试验区建设成效，引导政策制定方向，找出发展阶段性阻碍，做出精准有效决策。

该指标体系以科技创新和金融运行指标为主，从企业现状、研究机构、产业发展、金融市场等角度综合分析科创金融发展现状，由两个一级指标、12 个二级指标、49 个三级指标、98 个四级指标、24 个五级指标构成。其中，科创实力一级指标项下含 6 项二级指标，包括科创市场主体、研发机构数量、R&D 经费、研究成果、产业支撑和财政支出；科创金融一级指标项下含 6 项二级指标，包括信贷市场、保险市场、资本市场、基金投资、地方金融组织和知识产权金融。

该指标体系以年度进行更新，采用存量指标反映规模情况，采用增量指标反映发展趋势和培育壮大情况，合理评估试验区重点建设任务完成度。

12.3 全面提升科创金融服务能力

高技术制造业贷款大幅增加。济南市把握新旧动能转换重大机遇，关注高附加值产业，积极推动高技术制造业加速发展，优化产业结构，增强城市综合竞争力，以高技术制造业带动产业上下游发展，形成金融服务、产业反哺的互助格局。截至 2022 年年末，济南全市金融机构本外币贷款余额 26112.3 亿元，同比增长 12%，其中制造业中长期贷款余额增长 71.3%；科创企业贷款余额 1242.7 亿元，同比增长 13.1%。呈现高技术制造业蓬勃发展的态势，通过大力打造高技术制造业集群，引领工业经济提质增效，保障全市工业经济平稳复苏。2022 年高技术制造业增势良好，实现增加值增长

11.1%，高出全市平均水平 9.5 个百分点，拉动全市 GDP 增长 3.2 个百分点，已成为济南全市经济发展的重要引擎。

科创板上市企业数量居全省首位。济南市政府积极支持企业上市，出台《关于进一步推进资本市场服务高质量发展的若干政策措施》和《济南市推进企业上市倍增行动计划》等政策发挥资本市场杠杆力量。推动产融结合，加快形成广覆盖、多层次的金融组织体系，持续开展高成长性科技企业梯度培育，深化科技体制机制改革，突出企业创新地位。2022 年，济南科创板上市企业数量达到 6 家，数量居全省首位，占山东省科创板上市企业数量的 1/3；新三板挂牌企业 105 家，其中创新层 24 家，数量均居全省首位。建设科创金融改革试验区已初具成效，充分发挥资本市场推动科技、资本和实体经济的作用。

科创企业获贷率持续提升。获得贷款的科创企业比重明显加大，科创企业贷款余额显著增加，企业的获贷成本有效下降。截至 2022 年年末，济南市首批次确定的 6834 户科创企业中有贷户数 2863 户，占比 41.9%，较年初增加 3.6 个百分点；贷款余额 1242.7 亿元，同比增长 13.1%；加权平均利率 3.88%，较年初下降 37 个 BP（指的是在金融市场中债券和票据利率改变量的度量单位）。

外资金融机构引进实现新突破。聚焦“双循环”高质量发展，加大外资金融机构引进力度，优化资本跨境流通服务，加强外资在济投资支持，打造完善金融服务体系，拓宽科创企业融资渠道，服务实体经济更好更快发展，加快形成国际优质金融资源集聚态势。济南外资金融机构引进实现新突破，富邦华一银行济南分行获批筹建，积极推动济南金融向更高水平、更广领域开展，提高境外资本利用水平。此外，金融机构实力不断增强，新增 1 家法人期货公司，各类金融机构数量达近 900 家，企业金融服务获取便利度提升。

QFLP 基金连续实现落地。发挥制度创新和开放优势，稳妥推进外商投资股权投资企业（QFLP）落地，充分利用境外资本市场，完善外资利用体系，推动产业和资本有效融合，扩展境外资金投资国内实体产业通道，发挥基金撬动作用，促进产业发展。当年两只 QFLP 基金实现落地，第三只完成辅导，丰富济南基金业态，加大资金跨境流动，便利外籍人员往来。

私募基金管理规模快速增长。切实解决初创企业融资难问题，加大科创企业资金支持力度，促进创业投资持续健康发展，推动技术、资本、人才和管理等要素在科创企业融合，促使科技创新成果落地，以私募基金为抓手培育科创企业，激发市场活力，以市场力量帮助企业发展。截至 2022 年年末，济南市私募基金管理规模达到 1168.44 亿元，同比增长 9.7%，私募基金实力的不断壮大，为挖掘企业价值、助力科创型企业发展、服务实体经济等提供了有力支撑。

金融业比重持续提高。济南扎实推进服务实体经济，深化金融改革，攻坚金融发展，防控金融风险，金融影响力显著增加。2022 年济南市金融业增加值完成 1029.8 亿元，同比增长 7.6%，分别高出全国、山东省增速 2 个百分点、1.6 个百分点，占济南市地区生产总值（12027.5 亿元）的比重为 8.6%。金融业正逐步向成为支柱产业发展，为济南企业生产经营注入金融活水，特别是科创金融发展支持方面，截至 2022 年年末，设立科创金融专营（特色）银行机构 20 家、科创小额贷款公司 1 家，12 家银行设立科创金融事业部（中心）。

12.4　持续推动科创产业绩效和活力增强

科技创新资源加速集聚。科创发展需要人才和科研机构的共同助力，一方面，大力吸引人才扎根济南。通过“人才贷”“人才有价”等金融创新产品和服务，满足科技型人才差异化金融需求，有效改善了全市人才发展环境，济南对人才的吸引力不断提升，2022 年上半年全市引进海外科技人才快速认定获批 93 人、省“外专双百”计划（百名国际知名的高层次非华裔外国专家和百个高层次外国专家团队）获批 14 项。目前济南市人才总量达到 263.6 万人，人才吸引力指数排名全国第 8、全省第 1。另一方面，大力支持科研机构在济发展。充分发挥政府资金、政策性银行资金及各类投资基金作用，积极拓宽科技园区 CMBS（Commercial Mortgage - Backed Securities，商业房地产抵押贷款支持证券）等融资渠道，集中各方力量支持科研平台建设。

科技成果转化更加畅通。成果落地离不开产学研紧密结合，以金融赋能成果转化，积极推进银行、投资机构加强与高等院校、科研院所、科创企业间的合作，提高对科技项目研发、推广、应用等环节的风险保障和损失补偿，打通科技创新要素向企业集聚、科研成果向企业输出的转化通道。2022 年，全市实现技术合同成交额 614.52 亿元；完成专利权质押登记 517 笔；知识产权质押融资金额 30.55 亿元，同比增长 21.96%。全市发明专利授权量达到 11853 件，同比增长 44.4%。

创新主体实力不断增强。通过首贷培植、基金投资、再贷款、再贴现等多种方式，为科技创新型企业提供全方位金融服务。2022 年，全市新增首贷培植企业 3687 户，实现首贷金额 64.5 亿元，平均利率 4.68%；新增国家级专精特新“小巨人”企业 50 家、省级“专精特新”企业 583 家、省级瞪羚企业 178 家，合肥国家实验室济南基地签约揭牌，国家重点实验室增至 8 家，省级以上重点实验室达到 112 家，总量居全省第 1。

第 13 章　济南科创金融改革试验亮点

作为全国首个科创金融改革试验区，济南市科创金融大刀阔斧、勇于突破，不断建立完善覆盖科技创新全周期的金融生态链，构建一批各具特色、优势互补、结构合理的科创金融核心集聚区，并针对科创主体不同生命周期阶段、不同融资特点，引导辖内金融机构从信贷、保险、担保等方面推动产品创新和服务创新，积极探索差异化、精细化支持路径，助推了经济增长新旧动能转换的质量变革、效率变革、动力变革，进一步提升了金融服务实体经济的能力，逐步形成蓬勃发展、兴业长新的科创金融新格局，也涌现一系列先行先试的探索亮点和实践典范！

13.1　科创金融组织体系不断健全

夯实科创金融专营特色机构“底座”。积极推动国有大行和本地法人金融机构设立科创金融专营（特色）机构，在行政许可、考核评价等方面予以适当倾斜，并形成全面突破、多点开花、持续推进的良好态势：工商银行首家省级科创型企业服务中心落户试验区，并逐步构建“1（1 个中心）+2（2 个分中心）+N（若干科创特色支行）”科创金融专营机构体系；建设银行在省分行成立科创金融服务中心，在市行打造 6 家科创金融示范行，并设立 64 家“科技创业者港湾”，着力打造科技创业者服务阵地，目前入湾企业已达 2130 家；齐鲁银行总行成立科创金融管理部，对下辖科创支行下放单户 500

万元以下贷款审批权限，并授予单独定价权，设立单独的考核指标体系，截至2022年年底，科创支行已累计发放科技贷款超10亿元；中国银行、恒丰银行、威海商业银行、日照银行、济宁银行、太平保险等金融机构也已在试验区内设立或正在筹备设立科创金融专营（特色）机构。截至2022年年末，济南市设立科技分（支）行等科创金融特色机构20家、科创金融事业部（中心）12个、科创小额贷款公司1家，实现了六大国有银行及重点法人银行机构全覆盖。

铸造“专精特新”科创金融“尖刀”。“专精特新”企业创新能力强、成长性好，是提升产业链竞争力和供应链稳定性的基础力量，济南市专门开辟了“专精特新”综合金融服务战场，采用试点创新方式集中攻坚克难，推动金融机构通过专业的科创金融团队、专有的科创金融信贷风险机制、特色的科创金融产品与服务体系，横跨直接融资、间接融资金融领域，建立有别于传统业务的科创金融专营模式。工商银行山东省分行、建设银行山东省分行、浙商银行济南分行、恒丰银行济南分行等机构，整合优势资源为“专精特新”企业提供金融支持，全力打造服务“专精特新”企业高质量发展样板。

13.2 全生命周期科创产品服务创新硕果累累

信贷产品百花齐放。围绕科创型企业融资特点，开发设计与科创型企业相匹配的信用产品，多措并举引导信贷资金向科创型企业倾斜，持续优化信贷结构，对科创型企业加大利率优惠政策，降低其融资成本。一是中国人民银行济南分行营管部创设“央行资金科创贷”“央行资金科创贴”，设置不低于50亿元的再贷款和20亿元再贴现专项额度用于科创型企业发展，截至2022年年末，分别提供资金45.7亿元和46.4亿元。二是工商银行济南分行、建设银行济南分行等23家银行机构推出“科创贷”“投联贷”“科融贷”“北交所科技上市贷”“瞪羚科技贷”等44项科创型企业专项信贷产品。三是深入开展“科创型企业首贷拓展专项行动”，建立科创型企业首贷培植名单，指导银行机构按照“一企一策”原则制定财务管理、信贷支持等综合培植方案，并将各家银行机构的科创金融产品进行汇编形成《济南市科创金融产品汇编》，向全市推介，方便科创型企业快速检索查询适合自身实际的信贷产品，有效提高了科创型企业的获贷率。

保险产品多点出彩。聚焦现代科技产业和技术体系，多元化推动保险产品创新，积极支持有利于科技同经济对接、创新成果同产业对接、创新项目同生产力对接的关键环节基础设施和项目建设保险需求。首先，推动人保财险、泰山保险设立科创保险专营（特色）机构，大力拓展首台（套）重大技术装备保险、新材料首批次应用保险、首版次软件保险；人保财险通过“三首”保险，为全市42家高端装备、新材料、创新型科技型企业提供风险保障超过29.6亿元。其次，积极探索开展创业保险试点，推动试点单位开发“研发设备损失保险”“研发费用损失保险”“研发责任保险”“高层次人才人身保障保险”等7种创业保险产品，由市财政按照比例对投保企业进行补贴。最后，发挥保险融资增信功能，通过信用保证保险、供应链保险产品等方式助力科创型企业发展，本地法人保险公司泰山财险通过信用保证保险助力企业累计实现融资33.6亿元。2022年，济南市科技保险保费收入1.19亿元，同比增长14.3%。

融资担保量质双升。济南市注重科创融资担保体系建设，目前已建立覆盖城乡、政企银担一体的政府性融资担保体系，助力科技担保服务枝繁叶茂，并开发了多类型的科创担保产品链，引导金融活水实现精准浇灌，赋能科创产业高质量发展。济南市政府性融资担保组织主要包括市级融资担保集团1家，注册资本金20亿元；政府性融资担保公司5家，注册资本金共20.65亿元。对符合创业担保贷款条件的人员在十大千亿元产业领域创办企业的，贷款最高额度提高到30万元，2022年新增发放创业担保贷款4.5亿元，扶持市场主体2697家。市级担保公司济南融资担保集团有限公司创新推出“科创金融贷”“人才贷”“专精特新贷”“济担－科创贷”“科创e贷”等科创信贷担保产品，积极对接山东省投融资担保集团、国担基金。截至2022年年底，已服务科创名单内企业982家，担保金额13.04亿元，有效撬动了科创金融供给。

结算服务先行先试。济南市进一步支持金融机构加强账户全生命周期管理，强化账户监管和监测，提升本外币银行结算账户业务便利性。目前已按照人民银行总行统一部署，推动辖内齐鲁银行等7家银行机构完成全国本外币合一银行结算账户体系试点各项准备工作，待人民银行批准将济南市纳入本外币合一银行结算账户试点范围后即可正式启动。

13.3 资本市场助力科创型企业全方位升级

以一站全景式服务加快推进科创型企业上市。济南市政府印发《济南市推进企业上市倍增行动计划》《进一步推进资本市场服务高质量发展的若干政策措施》，实施上市后备资源培育“荷尖行动”，重点培育3年内能达到上市辅导标准的企业，提供各类要素、政策支持及领导包挂、专班专员服务，对企业上市补助由800万元提高至1000万元，对投资济南市种子期、初创期的私募股权投资基金企业给予最高300万元的补助，引导社会资本“投早、投小、投科技”。同时探索建立企业上市快速协调工作机制，实行“一口受理、多点落实、负责到底”制度；上交所、深交所、北交所和全国股转系统山东基地全部落地济南，在全国首次实现集中“共享办公”，形成了资本市场全板块的高效联动；提升区域性股权交易市场服务科技创新功能，推动设立“齐鲁科创板”；海右路演大厅投入使用，立足建设黄河流域最高水平的“海右”路演服务平台和品牌，定期组织专业机构为上市后备企业提供服务，帮助对接优质投融资资源，从而加快本地化建设，构筑资本市场专业服务生态圈。目前，已储备上市后备资源500余家，同时企业上市步伐不断加快，继2022年1月12日天岳先进登陆上交所科创板之后，7月8日，鲁商服务在港交所主板上市，成为山东首家在香港上市的物业管理公司。2022年全市新增首发上市企业4家，1家港交所上市企业境内主体迁入济南市。此外，两家企业已过会并提交创业板首发注册申请，1家企业通过港交所聆讯，1家企业科创板首发过会，2022年全市新增上市及过会企业8家，科创板上市企业达到6家。截至2022年年末，全市上市公司总数56家，股票58只，其中科创板上市企业数量稳居全省首位。

以基金组合拳强力助推科创型企业快速成长。基金是促进整合区域内政策、资金、人才、技术、市场等要素的重要金融工具，也是国有资本调整布局、优化形态的重要载体抓手。而母基金强，则创投聚；创投活跃，则产业兴。只有大力发展政府引导基金，才能集聚“耐心资本”“长期资本”，为基金和企业赋能。济南市制定出台《济南市创业投资引导基金管理暂行办法》《济南市财政投资基金尽职免责实施细则（试行）》等政策文件，大力推动引导基金积极参与设立天使、创投基金，搭建以引导基金为核心的子基金、项目、产业三轮联动生态圈，助力投后企业鱼跃资本龙门、羽化成龙。其中，设立全省市级层面首个知识产权运营基金，首期规模 2 亿元，已投资 5 家企业，用于开展高价值专利培育和转移转化；规模 62 亿元的齐鲁科学城科创基金落地并在中基协备案，已完成首期实缴 12.3 亿元；规模 10.1 亿元的济南金融科技基金注册成立，并对接了洞见科技、数库科技、量锐科技等投资项目。注重发挥天使投资、创业投资引导基金作用，解决种子期、初创期科创型企业融资难题。截至 2022 年年末，两只天使投资引导基金实缴总额 4.28 亿元、投资总额 1.1 亿元，57 只创业投资引导基金实缴总额 151.14 亿元、投资总额 147.22 亿元，“真金白银”激发企业科技创新活力，不断“延链、补链、强链”。与此同时，深入开展“齐鲁企舞”资本助企活动，搭建基金—项目路演对接平台，促进基金加大对济南市优质企业投资力度。截至 2022 年 12 月末，济南市在中国证券投资基金业协会登记的私募基金管理机构 208 家，管理基金 711 只，管理基金规模 1168.44 亿元。

以招引债券市场活水精准滴灌科创型企业。一方面，紧紧抓住银行间市场交易商协会推出科创票据契机，济南市大力推动科创型企业发行科创票据，为科技创新注入发展新动能，精准滴灌“硬科技”和关键“卡脖子”技术领域，赋能“专精特新”等中小科创型企业，引导市场要素向科创型企业聚集，拓宽了科创型企业融资渠道和推动了产业升级。山东黄金集团成功发行规模 10 亿元的全国首单科创票据和可持续挂钩双贴标的中期票据；山钢集团落地全国首批转型债券中唯一的永续类债券，规模 10 亿元；山东国投成功发行山东省首只“数字经济”主题公司债券，规模 5 亿元；山东国投、鲁信创投、山东省新动能基金管理公司分别发行规模10亿元、6亿元和10亿元的科技创新公司债券。另一方面，济南市积极推动科创型企业通过银行间债券市场融资。成功推动山东钢铁集团有限公司发行2022年度第一期10亿元中期票据(转型)，用于山东钢铁集团新旧动能转换系统优化升级改造项目建设。此次发行的债券为全国首批五只转型债券之一，也是全国首批项目中唯一的永续类债券，更是济南推进金融支持绿色低碳转型、实现“碳达峰”“碳中和”的生动实践。

以资产证券化拓宽高新技术园区融资渠道。推行科技园区债权类资产证券化，省内首只科技园区CMBS（商业房地产抵押贷款支持证券）项目成功落地——山东自贸试验区济南片区国有独资企业济高控股集团旗下济高财金公司在上海证券交易所成功发行“国君—东兴—济南自贸区齐鲁软件园资产支持专项计划”，发行总额7亿元，期限为18年，底层资产为济南片区齐鲁软件园创业广场及奥盛大厦，以物业租金收入为还款来源，采用“信托+专项计划”双层结构设计。作为全国首只以自贸试验区为题材的CMBS，此项目的发行是园区债权类资产证券化的首次成功尝试，具有极大的创新示范效应，有效拓宽了高科技园区载体融资渠道，提升了对高科技园区载体的综合化金融服务能力，是济南在科创金融创新领域的重要突破，对于提高济南先行示范区的全国影响力、提升齐鲁软件园的品牌知名度具有重大意义。

13.4 金融科技赋能科创金融能力显著增强

引导金融机构科技创新“融合聚变”。科技创新是推动高质量发展的内生动力，而助力发挥企业在科技创新中的主体作用，就要推动创新链、产业链、资金链、人才链深度融合，通过科技创新赋能推动金融供给侧结构性改革，通过科技创新赋能推动金融产业发展。齐鲁银行基于专利、论文、项目等多源异构数据，构建了融合“资金流”“技术流”“人才流”的“科创型企业授信评价体系”，实现了知识产权和人才在金融领域的信用化、数字化。工商银行、建设银行、恒丰银行也都通过大数据等技术手段实现了科创与金融之间的交互赋能，科创型企业金融服务质效大大提升。山东高速通汇资本自主研发“通汇数科供应链平台”首批接入上海票据交易所“新一代”票据业务系统，助力科创型企业更加便捷地获取金融机构及央行供应链金融专项政策支持。推动山东城商行联盟扩大资本金规模，齐鲁银行拟出资超1亿元参与山东城商行联盟增资扩股，提升联盟对中小银行科技服务和支持能力。

打通科创型企业授信评价“任督二脉”。济南市引导金融机构加强对科创型企业授信评价体系建设，减少对“有形不动产抵质押融资”的路径依赖，建立以企业拥有的知识产权、人才创业团队为基础的科创型企业授信评价体系。北京银行济南分行、齐鲁银行等银行机构通过引入企业科技属性数据、知识产权数据，实现科创型企业最高300万元的线上授信支持。2022年，组织知识产权质押融资入园惠企活动191场次，辐射企业2700余家，全市专利权质押登记517笔，知识产权质押融资金额达30.55亿元；积极推动山东金交中心建设知识产权交易平台，完成知识产权挂牌业务流程的系统开发，首批知识产权转让项目顺利成交；山东省首单知识产权融资租赁业务在试验区落地，成功实现由“知产”变“资产”。

13.5　科创金融服务支持机制加速蜕变

形成“人才+资本”融资服务“济南模式”。制定出台《济南市金融支持人才创业创新实施意见（试行）》，推出“投、贷、融、保、担”等一揽子支持人才创业创新举措，构建系统、多元的金融支持人才政策体系。启动高层次人才创业保险试点工作，推动试点单位开发“研发设备损失保险”“研发费用损失保险”“研发责任保险”“高层次人才人身保障保险”等创业保险产品，对符合条件的投保创业企业，探索由市财政按照比例进行补贴，目前已就试点合作保险公司公开政府采购意向。依托济南人力资本产业研究院建立的人才评估定价平台，为人才资本要素赋予金融属性，将“人才有价”评估系统与银行、保险、基金等机构联动，推出相关金融产品，实现人才赋能。恒丰银行济南分行与济南人力资本产业研究院合作，为高层次人才推出的无抵押、无担保线上产品“人才身价贷”，荣获央行金融科技发展奖二等奖。截至 2022 年年末，已有 24 家银行备案“人才贷”4.91 亿元。

打造科技成果转化平台培育产业“孵化器”。推进驻济高校、科研院所、新型研发机构、创新创业共同体共建济南科技成果转化生态体系，打造济南科技成果转化“1（技术成果交易中心）+6（科技成果评估评价服务、挂牌交易服务、知识产权服务、科技金融服务、园区落地服务、技术经纪业态培育）+N（N 家驻济高校）”平台服务体系，推动高校、科研院所优质资源与产业深度融合，打通高校和科研院所科技创新要素向企业集聚、科研成果向企业输出的科技成果转化通道。截至 2022 年年底，市科技成果转化平台已与山东大学、山东师范大学、齐鲁工业大学、济南大学等 20 所高校院所签署科技成果转化服务协议，共挂牌项目 2023 宗、成交金额 29.78 亿元，评估高校院所专利成果 1948 宗。

巧用财政金融联动助力科创“四两拨千斤”。一是充分发挥规模 20 亿元的企业贷款风险补偿资金池作用，对符合条件的不良贷款项目最高补偿本金损失的 50%，特别是对首笔贷、纯信用贷、知识产权质押等方式获得的贷款，提高 10 个百分点进行补偿，引导金融机构将金融资源向科技创新前端进行配置。2022 年，风险补偿资金池撬动银行发放贷款 470.4 亿元，转贷引导基金投放转贷资金 13.98 亿元；持续用好山东省科技成果转化贷款风险补偿政策和贷款贴息政策，31 家企业获得贴息补助 206.2 万元。二是发挥政府引导基金撬动作用，依托市财投基金集团对政府引导基金实施专业化运营管理，通过“基金+直投”双轮驱动模式，带动社会资本支持科技创新，参与组建基金 42 只，规模 404 亿元，放大倍数接近 5 倍。三是印发《济南市财政投资基金尽职免责实施细则（试行）》，将种子期、初创期企业投资额占基金规模 60% 以上且基金清算时投资亏损在 40% 以内的基金纳入尽职免责范围，激发财政投资基金投早、投小、投科技的能动性和主动性。

多维发力构建“全链条”科创金融服务体系。聚焦模式创新、产品创新和服务创新，针对科创主体不同生命周期阶段、不同融资特点，引导辖内金融机构从股、债、贷、保险、担保等多方面探索差异化、精细化支持路径，推出“科创贷”“投联贷”“科融贷”“北交所科技上市贷”等专项信贷产品，对接科创型企业发展的不同生命周期阶段。以济南市科技金融大厦为载体，积极打造综合性、一站式金融服务平台，形成了知识产权评估、政策性担保、银行信贷、股权投资、股权交易紧密衔接的一条龙服务体系，为企业提供“足不出户”融资服务。自运营以来，科金大厦已出具评估报告 8160 项、评估金额达 11.4 亿元，自主设立科金创投、科金宝钜、科金丽山生物 3 只基金，基金总规模 3.5 亿元，引入合作基金管理公司 16 家，基金 18 只，总规模 91.58 亿元。

建立金融辅导员制度，架起科创金融“探照灯”。为切实提高科创型企业融资可得性，济南市以金融辅导员制度为抓手，采取电话交流、视频会议、实地考察等多种方式不断深化“政金企”合作，对辖区企业进行深入辅导，详细了解企业经营复工情况及痛点难点问题，精准制定个性化融资方案，及时为被辅导企业解读金融财税扶持政策，按照“一企一策”要求精准开展科创金融服务，上门“送计送策”，变金融服务“坐等上门”为“主动问需”，由企业根据自身需求自助“点单”，金融辅导队根据企业意愿提供对口金融服务，实现了全面对接、精准辅导、高效输血，打通了金融服务实体经济的“最后一公里”。2022 年，依托金融辅导队深入开展“科创型企业首贷拓展专项行动”，针对 3968 家无贷科创型企业，依托金融辅导队逐户对接摸排，建立服务台账，梳理出有金融需求科创型企业 660 家，按照“一企一策”原则，有针对性制定服务方案，提升科创型企业获贷率；同时在超算数字经济创新圈、齐鲁软件园等科创园区开展“科创金融管家”试点，为园区科创型企业提供常态化、精准化、全方位金融服务。截至 2022 年年末，全市金融辅导队累计结对辅导企业 5641 家，为 3037 家企业发放贷款 702.2 亿元。

13.6　科创金融集聚区群英荟萃

中央商务区全力打造科创金融核心承载区。围绕高端金融资源集聚需求，高水平规划建设济南中央商务区，作为济南科创金融先行示范区核心承载区，全力打造科创金融和总部经济核心集聚地。中央商务区已引进恒丰银行、齐鲁银行等4家金融机构全国总部，中国银行山东省分行等40余家省级金融机构，山东能源集团等14家世界500强企业和200余家区域总部型企业，上交所、深交所、北交所及全国股转公司山东服务基地、新加坡金融服务中心等资本市场服务平台相继落地。同时加快建设济南科创金融大厦、山东省科技金融增信服务平台、全省唯一的“四合一”资本市场服务山东基地等科创金融平台阵地；科创金融大厦围绕“评、保、贷、投、易”五大环节，打造济南“1+6+N”科技成果转化平台，为41家签约驻济高校院所提供成果转化服务，2022年挂牌知识产权及科技金融项目1908宗，挂牌金额23.29亿元，成交金额8.11亿元，有效提升了科技成果转化效率。

中央科创区倾心抢占科创金融“制高点”。中央科创区全力布局建设“一谷两园”，建设“园区通”科创金融智慧服务平台，承办中国（济南）科创金融论坛，成立创投平台公司，打造济南版“深创投”。“一谷”即汉峪金谷，集聚合规风投创投机构、科创金融专营（特色）机构等，建设国际化、市场化、品牌化风投创投集聚区。“两园”分别是齐鲁软件园数字产业创新园，通过引进重大科研项目、重点创新平台，加快发展大数据、人工智能、集成电路、量子信息等产业，为风投创投提供优质的投资对象；会展中心创意产业创新园，通过发展游戏、动漫、文创、直播以及沉浸式体验等新潮活力产业、高端生活性服务业，吸引顶级创新资本和人才。中央科创区依托产业园区载体，加速建设“园区通”科创金融智慧服务平台，通过各类数据库的建设，畅通企业、科研机构和金融机构合作渠道；推动济高控股集团与中科院苏州医工所开展深度合作，探索推广“科创经济人”科技成果转化模式；积极推行“园区+DVC园区+DVC（District Venture Capital，园区风险投资）”“链主企业+CVC链主企业+CVC（Corporate Venture Capital，企业风险投资）”模式，推动重汽、浪潮等龙头企业设立投资部门或专营投资机构，利用自有资金投资产业链上下游企业，强化产业链纵向协同。

汉峪金谷构建强省会科创金融组织生态圈。汉峪金谷片区是济南建设科创金融服务园区和科创金融服务基地的重要载体，聚焦开展特色金融服务创新，集聚覆盖科技创新全生命周期的各类金融组织。汉峪金谷已汇集招商银行济南分行等总部级金融机构 27 家，入驻山东海洋集团等总部类企业 40 家，打造多业态复合型产业基地 6 个，构建特色产业服务平台 5 个，吸纳各类科技企业 2400 余家，办公人员超过 10 万人，其中包括大型金融机构及总部企业 40 余家、科创金融机构 200 余家。

山东新金融产业园打造股权投资机构集聚区。作为济南科创金融重要功能区，山东新金融产业园突出发展创业投资、股权投资等直接融资新金融业态。山东新金融产业园注册金融、类金融机构 200 余家，包括股权投资机构 180 余家，管理基金注册规模超过 1800 亿元。山东新金融产业园集聚基金机构、带动社会资本支持区域实体经济发展，连续多年举办园区协同发展投融资项目路演、市中区科技创新项目路演、海外高层次人才创新创业大赛对接等活动，推动基金重点投向高端制造、新能源、生物医药、机器人等科创产业领域。截至 2022 年年底，产业园投资机构累计对外投资总额超 600 亿元，2021 年产业园重点企业实现税收 5.3 亿元，同比增长 14.7%。投资项目中有 11 家上市企业，有 28 家准上市企业，16 家企业在新三板挂牌，产业园已成为济南市乃至山东省推动创新创业、促进经济高质量发展的助推器和倍增器。

第 14 章　济南科创金融发展展望

科技是国家强盛之基，创新是民族进步之魂，金融是现代经济核心。当前，世界之变、时代之变、历史之变正以前所未有的方式展开，未来国家竞争的核心就是科技创新的竞争。党的二十大报告提出，科技是第一生产力、人才是第一资源、创新是第一动力，深入实施科教兴国战略、人才强国战略、创新驱动发展战略，开辟发展新领域新赛道，不断塑造发展新动能新优势。济南作为全国首个科创金融改革试验区，应谋大局、定大势，以敢为天下先的历史使命感，全速进行科创金融试验区建设，全面探索金融支持科技创新的新模式、新路径，全力打造成为具有全国影响力的科创金融风向标！

14.1　以先行先试为抓手，打造科创金融顶层设计新高度

突出科创金融生态体系建设，深化政策集成创新。济南应集聚各方合力，充分运用科创金融改革试验区先行先试优势，紧紧锚定“走在前、开新局”，围绕科技高水平供给和区域高质量发展，进一步深化金融支持创新体系建设，强化广渠道、多层次、全覆盖、可持续的科创金融服务体系、科创金融机构组织体系、科创金融产品服务体系建设，优化充分利用多层次资本市场体系、推进科技赋能金融、夯实科创金融基础、扎实推进金融风险防控等顶层设计，

从而推动金融、科技和产业良性循环与互动。最关键的就是要将政策引导作为第一推动力，支持科技金融创新，改善科技金融环境，建立科技金融创新机制，促进科技金融创新发展，提高科技金融创新能力，推动科技金融创新成果转化，最终构建科技金融创新生态体系。济南应重点争取国家金融创新试点，深入研究建立覆盖科创型企业全生命周期的财政金融扶持政策，制定支持试验区建设扶持政策，针对初创期、成长期、成熟期科创型企业重点通过基金专项补助、政府引导基金让利、贷款利息补贴、风险补偿、保费减免、资金奖补、上市辅导、股权融资、债券融资等方面给予支持，以全周期、全要素的扶持政策体系促进科创金融改革试验区建设。同时积极指导各区县结合区域优势、产业特点对市级科创金融政策进行细化与补强，形成“一区一特色”的科创金融政策环境。

强化科创金融标准体系建设，奠定监测评价基石。加快推进科创金融标准建设，需要政府加快科创金融标准的制定和完善，推动科创金融标准的普及和实施，促进科创金融服务的普及，提高科技金融服务质量，强有力拓展科创金融发展的广度、深度和精度。济南应加快推进科创金融标准建设，确定统一的科创型企业标准和科创金融统计监测标准，全面归集涉及科创型企业名录、公共信用信息数据等信息资源，建设覆盖科创型企业全生命周期的主题数据库，为金融机构实施个性化支持创造条件；制定科创金融专营（特色）机构评价办法，分层次构建科创金融专营部门、科创支行、科创特色支行的梯度型科创金融组织体系。

14.2　以科技创新为驱动，打造战略性新兴产业集群发展新高地

站位国家新战略，突围战略性新兴产业融合集群发展。当今国家间竞争焦点已经演变为以科技为核心的战略性新兴产业的竞争，美国、欧盟、日本、法国在人工智能、大数据、半导体等领域不断制定出台产业发展促进政策。2022 年 6 月，美国信息技术与创新基金会（ITIF）发布汉密尔顿

指数，评估国家在先进制造业竞争中的表现；10 月，美国发布的《先进制造业国家战略》开宗明义地提出制造业是美国经济实力和国家安全的推动力，并在脱碳、微电子和半导体、生物经济、新材料、智能制造设定了五大重点目标，每一个目标都有其对应的实施路径以及在未来四年内要获得的成果。

党的二十大报告指出中国式现代化是中心任务，高质量发展是首要任务，也是中国式现代化的本质要求，而且要坚持创新在现代化建设全局中的核心地位。最后的着力点在实体经济，其中一个很重要的支点就是战略性新兴产业的融合集群发展。尤其是新一代信息技术、人工智能、生物技术、新能源、新材料、高端装备、绿色环保等。战略性新兴产业融合集群发展也是我国“十四五”时期的新动能、新引擎。“十四五”规划强调推动战略性新兴产业融合化、集群化、生态化发展。济南应把握历史性发展机遇，充分驱动科技创新，全力布局战略性新兴产业融合集群发展。

依托数字产业优势，引领数字金融前瞻性布局。我国高度重视发展数字经济，特别是党的十八大以来，党中央对建设网络强国、数字中国、智慧社会作出了一系列战略部署。“十四五”规划和 2035 年远景目标纲要提出“打造数字经济新优势”。2022 年 10 月 18 日，习近平总书记在中共中央政治局就推动我国数字经济健康发展进行的第三十四次集体学习中强调，要站在统筹中华民族伟大复兴战略全局和世界百年未有之大变局的高度，统筹国内国际两个大局、发展安全两件大事，充分发挥海量数据和丰富应用场景优势，促进数字技术与实体经济深度融合，赋能传统产业转型升级，催生新产业新业态新模式，不断做强做优做大我国数字经济。数字化转型是时代潮流、大势所趋，随着大数据、云计算、人工智能、区块链等现代科技快速发展，推动保险业经营模式不断升级，源源不断催生新的场景和生态。从技术趋势来看，正如数字技术的发展颠覆了传统的支付方式、出行方式，数字技术也极大地重塑着金融业务的内涵。数据对金融风险特征描述的影响愈加突出，数字技术已贯穿应用于金融机构投研、产品、营销、风险管理、客户管理、运营管理等全流程业务，正向更高水平、更深层次拓展。济南在信息技术、智能制造、量子科技等领域具有产业资源和技术配套优势，数字经济是重点打造的千亿元级产业，拥有浪潮、山东城商行联盟等数字经济和金融科技龙头企业，可依托大数据、AI 等技术优势，为传统金融机构提供技术、风控赋能升级。济南具有发展数字金融的良好基础和条件，未来要加强政策引导和支持，大力孵化培育，积极引进蚂蚁金服、微众银行、网商银行等龙头企业，加快集聚国内外数字金融资源，让数字金融的星星之火形成燎原发展态势。同时应大力支持有条件的金融机构、研究机构开展数字货币研究，加强与人民银行数字货币研究所的合作，深入开展数字人民币试点，加快实现主要支付场景全覆盖、其他支付场景基本覆盖。大力支持本地城商行、农商行等零售银行数字化转型，应用互联网、大数据、人工智能等金融科技发掘并快速响应客户需求，快速创新和迭代升级服务能级，增强数据决策支持能力。依托济南在量子研究领域的领先优势，鼓励量子通信技术、量子钟等在金融数字化、金融市场交易等领域的拓展应用。

14.3　以产品服务为牵引，打造金融支持科技创新新动能

打造全周期、全链条科创专属产品，强化产品服务创新升级。济南应持续强化针对科创主体不同生命周期阶段、不同融资特点，引导辖内金融机构从信贷、保险、担保等多方面加大产品和服务创新，积极探索差异化、精细化支持路径。应进一步深化高层次人才创业保险试点，为科创型企业提供从研发到产品上市的全生命周期服务；发挥财政资金的杠杆作用，通过市场化方式吸引集聚创业投资资本，建立投资和信贷联动机制，对天使和创业投资基金入股项目，由政府性融资担保机构优先提供信贷担保，支持商业银行同步为企业提供低成本信贷融资，从股权和债权方面破解小微企业融资难题，降低企业财务成本；加速布局 S 基金并建立相关政策支持，切实推动 S 基金尽快落地。

强化金融服务科技创新平台建设，助力金融资源精准滴灌。信息不对称

是中小微企业融资难、金融微循环体系不顺畅的根本原因。政府的工商、税务、社保、公安等部门掌握的涉企数据长期处于分散、割裂的状态。各地纷纷尝试建设金融服务信用信息共享平台，推动政府部门之间、政府与社会之间以及各社会单元之间的信息与资源整合，打破银企信息不对称，实现民营企业信用重塑以及信用资本化。济南应该加快建设全市统一的金融服务科技创新平台，统一整合、运营政府各部门涉企信用信息，借助人工智能等科技手段为企业信用画像，全面归集分散于各部门的政务数据，加快建设全市统一的融资服务平台，为金融机构对科创型企业精准画像、有效增信提供数字化赋能，服务金融机构产品研发、信用评估和风险管理，打造科创金融改革试验区重要金融基础设施。

深化集聚区建设创新科技金融业务，提升金融服务科创水平。加快重点片区建设，在 CTD（“中央科创区”）片区推行“链主企业 + CVC”和“园区 + DVC”模式，“投招联动”引进优质产业项目，在 CBD（“中央商务区”）片区高标准建设“海右”系列企业上市路演服务平台，帮助上市后备企业对接优质股权投资机构；积极推动驻济金融机构强化科创 E 贷等科创金融产品和服务创新，加快形成驻济金融机构科创金融领域“一行一司一品牌”创新格局；全面提高科创型企业利用资本市场能力，引导金融中介机构组建资本市场服务联盟，搭建上市公司孵化培育的专业化服务平台；围绕全市主导支柱产业、产业链和产业集群，组建特色产业辅导队、供应链金融辅导队，探索“金融辅导员 + 科技辅导员”模式，帮助企业实现“融资 + 融技 + 融智”。同时努力打造济南科技成果转化平台，推进驻济高校、科研院所、新型研发机构、创新创业共同体共建济南科技成果转化生态体系，推动高校、科研院所优质资源与产业深度融合，打通高校和科研院所科技创新要素向企业集聚、科研成果向企业输出的科技成果转化通道，进一步集聚创新要素，加快科技成果转化，构建全市域创新体系，促进金融、科技与产业深度融合，让科技人才、科研机构、科创型企业落得下、留得住、发展好。

14.4 以制度开放为核心，打造国际化科创资本拓新沃土

加强自贸区建设，加快引进国际资源，提升金融机构竞争力。近年来，面对复杂多变的外部环境，我国始终坚守初心与定力，全面深化改革，持续推进机构、市场、产品多个维度的对外开放。未来，中国经济的高质量发展以及中国资本市场的高水平制度型开放将带来更广阔的机遇。济南应推进加强自由贸易试验区建设，加大制度型开放，进一步扩大市场开放，提高国际化程度，鼓励海外科技企业入驻济南市自贸区，并构建更加开放的区域金融市场，为国际化科创资本提供更加优质、便捷和高效的服务与投资机会。同时要以制度型开放为核心，在机制上创新招商引资模式，扩大招商引资渠道，大力引进国际银行、保险、证券等大型金融机构在济南设立区域总部、分支机构和代表处，大力引进信用评级、保险中介、货币经纪等金融中介服务机构。支持本地法人金融机构引进国外战略投资者，增强资本实力，引进国外先进的管理经验，突破发展规模瓶颈，实现做优做强做大。鼓励本地投资机构与境外投资机构加强合作，依托平行基金、人民币海外基金等创新模式，开展双向投资，为企业“引进来”“走出去”提供融资支持。

建立科创金融国际化交流平台，打造品牌吸引国际资本和人才。随着济南加速走向国际化，在与全球各地金融机构和科技公司的愈加紧密的合作和联系下，科创金融将成为助推国际化发展的重要力量。济南应加强国际交流与合作，吸引国际资本和科技创新人才，加强国际科技创新和金融合作，提高济南市的国际化水平和竞争力。尤其是要加大力度持续高水平办好中国（济南）科创金融论坛，打造高层次、权威性、专业化、国际化科创金融交流和思想传播平台，汇聚全球科技金融中心城市政府、金融业界、学术界及社会各界力量，共商科创金融发展之策，共议科创金融组织做强之要，共话科创金融中心建设之路，力争通过丰富多彩的形式和内容，助力济南在全国打

响首个科创金融改革试点城市品牌，为济南加快现代化强省会建设凝聚强大力量、营造舆论声势，为科创金融更好服务中国式现代化建设发出“济南强音”，从而最大限度地扩大国际影响力，吸引国际资本和人才。同时要积极推动国际化人才引进，大力引进优秀科技人才和金融人才，提升本土人才的国际化层次。

14.5 以金融安全为底线，打造科创金融风险防范新机制

强化科创金融风险体系建设，提高专项风控水平。科创金融风险普遍相对较高，主要源于科创型企业以“人”为中心，多具有高技术、高成长、高风险、高收益和轻资产的特征，以及研发周期长、技术风险大、经营管理不完善、经营发展存在不确定性等鲜明的特点，而且大部分缺乏正规的财务报表，短期会存在收入下降或亏损的状态。因此科创金融的风险防控显得尤为重要，济南应围绕科创贷款、科创型企业上市、私募股权、创业投资、知识产权等重点环节，定期分析试验区内金融风险状况。支持金融机构制定实施科创金融风险处置和内部考核办法，建设与科创产业相匹配的风险管理体系。健全金融信息、风险处置、防范和处置非法集资、反洗钱、金融消费者与投资者权益保护、网络安全保护等金融风险联防联控机制，建立健全跨区域、跨部门的金融行政执法和司法协同处置机制，严厉打击非法金融活动。

强化地方金融监管平台建设，提高协同监管能力。济南应大力推动监管科技的实践应用，充分利用大数据、区块链、云计算等技术手段，建立济南市地方金融数据分析系统和金融风险预警系统，提升地方金融风险防范能力。推动本地小额贷款公司、融资租赁公司、融资担保公司、交易场所以及民间资本管理公司等地方监管的机构纳入金融监管综合服务信息平台，提升非现场监管能力。同时，统筹推动金融、公安、市场监管、司法、宣传等部门联动合作。加强异地监管协调，构建高效的跨区联动协调机制，促进区域间风险企业的信息互通和联防联治。指导充实县（市、

区）一级金融工作力量，建立健全省、市、县（市、区）三级分层监管工作机制，强化县（市、区）金融风险防控的属地责任，填补基层监管盲区，加快构建上下联动、无缝衔接的监管体系。引入第三方会计、律师、审计等专业力量，提高检查监督水平。

附录　2023 年中国城市科创金融指数指标数据

二级指标	单位	年份	北京	上海	深圳	长春	大连	哈尔滨	沈阳	济南	青岛
普惠小微企业贷款余额占全部比重	%	2021	7.16	7.57	15.62	6.91	4.48	4.87	3.94	6.53	7.09
单位 GDP 科创型企业直接融资增量	%	2022	1.32	1.97	1.05	0.13	0.11	0.10	0.54	0.22	0.10
科创型企业当前融资便利度	分	2022	100.58	90.92	99.88	97.15	92.58	78.69	101.60	119.01	104.64
科创型企业当前融资成本优化水平	分	2022	60.68	93.54	86.16	74.53	76.11	56.09	93.62	96.87	100.06
金融机构专项科创融资供给情况	分	2022	136.17	139.13	163.46	128.30	120.59	131.82	138.78	150.59	148.94
科创型企业未来融资扩大意愿	分	2022	145.76	138.81	161.29	147.92	138.24	149.09	121.74	142.81	156.67
全社会研发投入强度	%	2021	6.53	4.10	5.49	2.04	3.02	2.51	2.97	2.68	2.51
科创型企业研发扩大意愿	分	2022	150.00	154.93	185.94	160.78	169.70	166.07	160.87	169.11	167.24
科创型企业投资扩大意愿	分	2022	129.51	117.39	138.10	129.17	130.00	133.93	113.04	126.38	150.85
私募股权投资规模与 GDP 之比	%	2022	9.08	4.97	5.94	0.37	1.10	2.79	0.40	2.71	0.82

续表

二级指标	单位	年份	北京	上海	深圳	长春	大连	哈尔滨	沈阳	济南	青岛
私募股权投资需求扩张趋势	分	2022	151.16	140.54	152.50	136.59	144.00	139.29	153.33	178.13	172.22
财政科技支出占比	%	2022	5.61	4.90	10.28	0.43	1.98	0.70	1.86	2.63	2.05
科创产业整体发展	分	2022	165.96	171.74	190.57	145.28	150.00	138.64	136.54	155.56	172.00
科创产业发展潜力	分	2022	170.37	170.18	183.76	159.41	154.81	156.44	167.12	176.92	174.55
单位 GDP 高新技术企业数	家/亿元	2022	0.89	0.49	0.88	0.48	0.43	0.48	0.55	0.47	0.43
单位 GDP 国家级专精特新“小巨人”企业数	家/百亿元	2022	1.40	1.10	1.33	0.51	0.83	0.67	1.00	0.71	0.99
单位 GDP 上市科创企业数	家/千亿元	2022	3.65	2.73	4.17	0.59	0.47	0.36	0.91	1.08	0.60
单位 GDP 上市科创企业总市值	%	2022	41.27	43.05	50.23	6.61	2.27	1.18	13.65	10.98	4.67
每万人 SCI 论文发表数	篇/万人	2022	81.62	35.54	21.01	20.60	21.94	25.17	20.28	29.76	25.72
每万人新增发明专利授权量	件/万人	2022	40.26	14.78	29.50	6.18	5.40	7.18	5.04	12.67	14.16
科创金融政策支持力度	分	2022	168.22	162.50	168.42	164.29	145.54	156.12	159.15	173.77	172.64
政府引导基金发展情况	分	2022	164.44	160.00	180.00	158.14	142.31	154.84	143.59	177.42	163.16
获得政府性融资担保服务情况	分	2022	139.35	116.68	148.56	136.06	144.79	136.70	132.49	133.58	142.13
科技保险渗透情况	分	2022	140.43	143.18	152.08	144.23	138.71	126.67	113.51	147.78	129.17
综合金融服务平台发展情况	分	2022	155.56	154.05	143.18	171.43	162.50	151.72	166.67	157.28	160.53
单位人口国家级创新载体数	家/百万人	2022	8.50	5.38	7.24	3.85	5.52	2.63	3.51	5.03	7.60
本地科创金融创新氛围	分	2022	143.18	143.90	165.22	160.47	144.00	158.06	160.87	173.39	152.50
本地科创金融发展潜力	分	2022	169.52	173.39	178.90	166.67	159.57	161.36	169.12	178.02	174.51

二级指标	单位	年份	石家庄	天津	杭州	南京	宁波	苏州	温州	无锡	广州
普惠小微企业贷款余额占全部比重	%	2021	6.36	5.12	11.82	6.56	12.74	9.67	26.74	11.24	8.96
单位 GDP 科创企业直接融资增量	%	2022	0.05	0.54	0.75	0.41	0.14	0.93	0.04	0.72	0.24
科创企业当前融资便利度	分	2022	99.11	104.34	87.25	113.08	99.15	141.45	100.32	73.23	101.69
科创企业当前融资成本优化水平	分	2022	79.04	72.24	75.98	100.13	75.33	127.88	73.21	71.05	80.66
金融机构专项科创融资供给情况	分	2022	109.80	138.10	155.56	150.00	136.84	148.48	152.38	152.94	163.64
科创企业未来融资扩大意愿	分	2022	144.00	121.67	142.86	157.14	136.07	138.07	150.00	115.15	137.50
全社会研发投入强度	%	2021	2.08	3.66	3.60	3.60	2.76	3.80	2.41	3.18	3.15
科创企业研发扩大意愿	分	2022	169.23	160.00	164.29	175.00	169.35	155.41	175.00	175.00	147.83
科创企业投资扩大意愿	分	2022	113.46	128.81	119.72	145.45	133.33	131.51	108.82	118.18	121.74
私募股权投资规模与 GDP 之比	%	2022	1.09	2.68	4.81	2.12	1.37	1.91	0.64	3.23	3.07
本地私募股权投资需求扩张趋势	分	2022	128.21	145.16	135.71	164.15	151.85	166.67	130.00	183.33	160.38
财政科技支出占比	%	2022	1.30	2.25	8.17	6.91	6.90	8.93	0.97	4.62	6.44
本地科创产业整体发展	分	2022	150.98	159.52	181.08	174.32	171.05	166.67	138.10	166.67	173.53
本地科创产业发展潜力	分	2022	155.34	166.99	166.36	179.31	169.00	173.71	162.96	174.51	181.11
单位 GDP 高新技术企业数	家/亿元	2022	0.70	0.61	0.73	0.53	0.34	0.56	0.46	0.36	0.43
单位 GDP 国家级专精特新“小巨人”企业数	家/百亿元	2022	0.93	1.13	1.10	0.63	1.78	0.71	1.31	0.59	0.41
单位 GDP 上市科创企业数	家/千亿元	2022	0.56	0.86	3.04	1.54	0.76	2.75	0.37	1.48	1.32
单位 GDP 上市科创企业总市值	%	2022	1.85	11.25	23.58	11.22	5.77	25.27	1.17	23.37	7.25

续表

二级指标	单位	年份	石家庄	天津	杭州	南京	宁波	苏州	温州	无锡	广州
每万人 SCI 论文发表数	篇/万人	2022	7.05	22.60	37.69	72.51	10.25	11.43	6.83	9.67	30.99
每万人新增发明专利授权量	件/万人	2022	3.34	8.55	24.68	30.03	10.04	15.91	3.95	11.27	14.68
科创金融政策支持力度	分	2022	160.40	163.00	168.27	171.43	171.13	176.57	160.71	145.83	171.91
政府引导基金发展情况	分	2022	153.66	158.06	167.74	173.44	153.33	153.33	141.67	153.85	165.45
获得政府性融资担保服务情况	分	2022	143.66	142.86	133.52	121.31	146.05	143.80	121.95	134.80	156.41
科技保险渗透情况	分	2022	135.29	141.03	144.12	134.62	141.67	133.33	131.58	100.00	150.85
综合金融服务平台发展情况	分	2022	169.23	155.17	180.65	160.66	136.67	171.43	177.78	158.33	156.36
单位人口国家级创新载体数	家/百万人	2022	2.54	7.36	11.39	11.04	3.67	9.65	1.76	5.88	5.42
本地科创金融创新氛围	分	2022	142.86	150.00	158.06	158.82	140.00	156.67	161.54	161.54	138.33
本地科创金融发展潜力	分	2022	162.77	171.74	166.99	180.53	174.44	176.35	168.09	168.89	177.91

二级指标	单位	年份	福州	厦门	海口	长沙	合肥	南昌	武汉	郑州	太原
普惠小微企业贷款余额占全部比重	%	2021	10.21	16.94	5.79	5.49	9.63	7.48	5.09	5.37	2.69
单位 GDP 科创企业直接融资增量	%	2022	0.17	0.50	0.44	0.58	0.37	0.11	0.28	0.07	0.02
科创企业当前融资便利度	分	2022	91.37	99.15	100.00	84.50	84.19	97.44	111.48	88.21	90.77
科创企业当前融资成本优化水平	分	2022	74.09	69.85	89.67	71.44	65.34	78.23	104.31	66.25	67.42
金融机构专项科创融资供给情况	分	2022	138.89	115.38	131.82	113.95	134.88	120.69	136.96	115.22	139.53
科创企业未来融资扩大意愿	分	2022	133.33	152.38	141.67	140.68	153.57	132.39	157.63	123.08	157.38
全社会研发投入强度	%	2021	2.20	3.10	1.40	2.77	3.31	1.93	3.33	2.45	2.24
科创企业研发扩大意愿	分	2022	159.57	156.92	179.17	180.36	162.07	164.38	161.67	153.85	169.35
科创企业投资扩大意愿	分	2022	102.08	137.50	120.83	113.56	126.67	123.61	138.33	112.00	119.67
私募股权投资规模与 GDP 之比	%	2022	0.61	1.93	14.18	1.62	4.27	2.49	1.72	4.45	0.57
本地私募股权投资需求扩张趋势	分	2022	146.34	155.17	147.37	133.33	145.16	124.00	144.12	148.28	113.79
财政科技支出占比	%	2022	3.32	3.85	3.98	5.07	17.52	6.02	8.14	5.36	1.14
本地科创产业整体发展	分	2022	150.91	143.90	125.00	151.11	159.09	113.79	162.50	115.25	132.56
本地科创产业发展潜力	分	2022	161.76	163.21	157.14	172.82	175.00	157.55	166.04	139.02	161.54
单位 GDP 高新技术企业数	家/亿元	2022	0.30	0.46	0.41	0.47	0.53	0.28	0.64	0.39	0.41
单位 GDP 国家级专精特新“小巨人”企业数	家/百亿元	2022	0.54	1.82	0.42	1.04	1.09	0.32	1.10	0.86	0.92
单位 GDP 上市科创企业数	家/千亿元	2022	0.73	1.67	1.41	1.58	1.75	0.28	1.27	0.70	0.18
单位 GDP 上市科创企业总市值比重	%	2022	4.50	18.56	14.20	15.82	9.90	0.76	8.56	2.51	0.15

续表

二级指标	单位	年份	福州	厦门	海口	长沙	合肥	南昌	武汉	郑州	太原
每万人 SCI 论文发表数	篇/万人	2022	15.93	22.09	19.25	30.32	26.27	19.25	39.09	16.69	19.79
每万人新增发明专利授权量	件/万人	2022	5.38	9.99	3.99	12.08	13.37	5.80	17.33	5.82	6.97
科创金融政策支持力度	分	2022	163.64	168.69	158.33	168.00	169.23	165.05	176.19	164.06	160.19
政府引导基金发展情况	分	2022	160.47	128.57	119.05	138.10	150.00	119.23	160.00	124.32	146.88
获得政府性融资担保服务情况	分	2022	146.81	139.63	136.66	136.79	151.00	154.29	124.06	117.91	148.44
科技保险渗透情况	分	2022	127.78	126.32	112.50	127.91	135.71	120.69	115.38	117.07	133.33
综合金融服务平台发展情况	分	2022	142.86	146.15	125.00	153.66	154.55	160.00	166.67	137.50	160.00
单位人口国家级创新载体数	家/百万人	2022	2.38	8.14	2.75	3.32	4.86	5.59	7.03	5.18	6.31
本地科创金融创新氛围	分	2022	156.82	126.67	150.00	150.00	131.43	142.31	164.44	121.57	160.61
本地科创金融发展潜力	分	2022	156.52	160.42	138.30	163.73	166.32	161.39	174.26	152.70	160.00

二级指标	单位	年份	呼和浩特	成都	重庆	昆明	西安	南宁	乌鲁木齐	贵阳	兰州
普惠小微企业贷款余额占全部比重	%	2021	3.73	7.30	8.39	3.19	3.56	4.17	3.24	3.83	9.13
单位 GDP 科创企业直接融资增量	%	2022	0.00	0.27	0.04	0.04	0.41	0.08	0.00	0.34	0.00
科创企业当前融资便利度	分	2022	91.96	103.71	95.81	86.67	118.61	105.93	102.45	89.83	105.56
科创企业当前融资成本优化水平	分	2022	69.23	108.33	77.02	71.54	77.67	84.89	93.65	64.64	69.91
金融机构专项科创融资供给情况	分	2022	117.86	140.38	112.00	135.42	136.30	120.18	130.43	152.50	120.00
科创企业未来融资扩大意愿	分	2022	138.10	153.85	143.40	136.36	146.15	141.67	134.62	154.84	133.33
全社会研发投入强度	%	2021	1.68	3.17	2.21	1.87	5.04	1.12	1.01	1.85	2.19
科创企业研发扩大意愿	分	2022	172.73	167.35	170.00	169.09	175.00	166.67	175.00	170.00	189.47
科创企业投资扩大意愿	分	2022	118.18	127.78	135.19	114.29	129.63	138.46	118.52	100.00	100.00
私募股权投资规模与 GDP 之比	%	2022	1.20	1.01	0.63	2.82	4.74	1.30	1.88	1.84	7.48
本地私募股权投资需求扩张趋势	分	2022	168.18	143.90	124.39	133.33	163.29	155.63	150.00	154.55	150.00
财政科技支出占比	%	2022	0.98	6.24	2.02	2.17	3.82	2.20	3.19	2.21	1.31
本地科创产业整体发展	分	2022	137.04	150.94	158.00	150.00	146.15	111.95	131.82	160.98	120.00
本地科创产业发展潜力	分	2022	158.33	162.26	160.78	156.73	168.18	148.65	158.82	164.00	154.00
单位 GDP 高新技术企业数	家/亿元	2022	0.12	0.33	0.22	0.24	0.84	0.30	0.13	0.28	0.24
单位 GDP 国家级专精特新“小巨人”企业数	家/百亿元	2022	0.06	0.67	0.82	0.52	0.98	0.46	0.31	0.41	0.33
单位 GDP 上市科创企业数	家/千亿元	2022	0.00	1.07	0.17	0.27	1.39	0.19	0.26	0.61	0.30
单位 GDP 上市科创企业总市值比重	%	2022	0.00	6.48	1.23	9.12	16.19	0.56	0.86	11.13	0.51

续表

二级指标	单位	年份	呼和浩特	成都	重庆	昆明	西安	南宁	乌鲁木齐	贵阳	兰州
每万人 SCI 论文发表数	篇/万人	2022	11.02	21.18	8.31	14.71	37.98	9.72	14.46	12.63	32.48
每万人新增发明专利授权量	件/万人	2022	2.55	9.21	3.89	4.05	13.19	2.51	2.25	4.41	4.34
科创金融政策支持力度	分	2022	153.19	168.63	168.63	161.54	176.39	163.78	127.45	168.00	148.98
政府引导基金发展情况	分	2022	130.43	156.25	145.24	152.78	152.63	138.04	140.00	150.00	125.93
获得政府性融资担保服务情况	分	2022	134.09	140.89	153.86	150.58	126.73	131.72	157.03	147.98	160.92
科技保险渗透情况评分	分	2022	126.92	111.54	116.00	147.83	119.63	123.20	126.09	141.46	96.77
综合金融服务平台发展情况	分	2022	171.43	158.14	157.89	166.67	124.58	155.49	166.67	163.64	173.08
单位人口国家级创新载体数	家/百万人	2022	3.72	2.93	1.77	3.18	6.69	1.36	6.39	3.28	7.53
本地科创金融创新氛围	分	2022	148.00	143.75	146.34	163.89	136.42	151.27	142.86	158.82	137.04
本地科创金融发展潜力	分	2022	162.50	161.00	163.54	171.74	174.07	154.35	130.95	163.04	156.52